Marcel Bosco

Mestres de Luz
Os Guardiões da Fraternidade Branca

Copyright © 2022 Luiz Santos
Todos os direitos reservados.
Nenhuma parte deste livro pode ser reproduzida de qualquer forma ou por qualquer meio sem a permissão por escrito do detentor dos direitos autorais.
Imagem da capa © Orbis Studio
Revisão por Marco Avelar
Design gráfico por Tania Navarro
Diagramação por Paulo Xavier
Todos os direitos reservados a:
Luiz A. Santos
ISBN: 978-65-00-67512-2

Sumário

Prólogo 6
Capítulo 1 Introdução Geral 9
Capítulo 2 A Grande Fraternidade Branca: Origem e Propósito 14
Capítulo 3 Os Mestres Ascensos e sua Missão de Luz 20
Capítulo 4 Como a Fraternidade Branca Atua no Plano Espiritual e Terreno 26
Capítulo 5 A História da Fraternidade Branca e sua Conexão com a Humanidade 32
Capítulo 6 Seres de Luz: Quem são os Mestres Ascensos? 37
Capítulo 7 Principais Mestres e Suas Contribuições para a Humanidade 43
Capítulo 8 O Conselho Cármico e Sua Função de Equilíbrio 48
Capítulo 9 Linhagens Espirituais e a Hierarquia da Fraternidade 53
Capítulo 10 Introdução aos Sete Raios e Seus Significados Espirituais 58
Capítulo 11 Ritual de Conexão com o Primeiro Raio: Vontade Divina 63
Capítulo 12 Ritual do Segundo Raio: Amor-Sabedoria 67
Capítulo 13 Ritual do Terceiro Raio: Inteligência Ativa 72
Capítulo 14 Ritual do Quarto Raio: Harmonia e Pureza 76
Capítulo 15 Ritual do Quinto Raio: Conhecimento e Ciência 81
Capítulo 16 Ritual do Sexto Raio: Devoção e Idealismo 86
Capítulo 17 Ritual do Sétimo Raio: Ordem Cerimonial 91
Capítulo 18 Meditação e a Alquimia Interior 96
Capítulo 19 A Invocação da Chama Violeta 101
Capítulo 20 Ritual de Proteção Espiritual 106

Capítulo 21 Prática de Gratidão e Serviço à Humanidade 110
Capítulo 22 Sintonização com o Eu Superior 114
Capítulo 23 Purificação e Elevação Energética 118
Capítulo 24 Oração e Afirmações de Luz 122
Capítulo 25 Viver na Consciência Espiritual: Práticas Diárias. 126
Capítulo 26 Rituais de Conexão com os Mestres Ascensos 130
Capítulo 27 O Despertar da Consciência Coletiva 134
Capítulo 28 Aplicando os Ensinamentos na Vida Pessoal e Profissional 138
Capítulo 29 Ritual de Conexão com as Dimensões Superiores 142
Capítulo 30 Alinhamento com o Plano Divino e Propósito Espiritual 146
Capítulo 31 Canalização de Energias de Cura e Equilíbrio 150
Capítulo 32 Integração dos Sete Raios no Corpo Energético ... 154
Capítulo 33 Ritual de Sintonização com o Raio de Cura e Regeneração 158
Capítulo 34 O Portal da Consciência Crística 162
Capítulo 35 Ritual de Expansão da Compaixão e do Amor Universal 166
Capítulo 36 A Ativação da Consciência Cósmica 170
Capítulo 37 Sintonização com as Energias Angélicas e Arcanjos 174
Capítulo 38 Prática de Silêncio e Escuta Divina 178
Capítulo 39 Integração da Luz Divina no Plano Material 182
Capítulo 40 Ritual de Gratidão e Serviço ao Próximo 186
Capítulo 41 Reconhecimento do Mestre Interior 190
Capítulo 42 Estabelecendo um Santuário Espiritual Pessoal 194

Capítulo 43 O Caminho da Auto-Realização e da União Divina 198
Capítulo 44 Manifestando a Paz Interior e Exterior 202
Capítulo 45 Rituais de Luz para o Futuro da Humanidade 206
Capítulo 46 Caminhando ao Lado da Fraternidade Branca e a Missão Contínua 210
Epílogo 213

Prólogo

Há um chamado que, silencioso, reverbera pelo vasto e oculto universo. Ele ecoa desde tempos imemoriais, atravessando dimensões e existências, conduzindo almas inquietas a um despertar inevitável. Este livro, que agora repousa em suas mãos, é um portal para um encontro com mistérios e sabedorias que foram velados por eras. Você chegou até ele porque, ainda que inconscientemente, buscava algo mais profundo, algo que pudesse tocar e elevar a sua essência, um conhecimento ancestral que vai além do visível, algo que não se ensina, mas se vive.

Nas páginas que seguem, serão revelados fragmentos da história e da sabedoria daqueles que caminham entre mundos, uma fraternidade de luz e compaixão que nunca abandonou a humanidade em sua jornada. Os Mestres de Luz – seres que transcenderam o ciclo terreno e habitam os planos mais elevados de consciência – são parte de uma irmandade que o acolhe sem exigir nada em troca. Ao adentrar nesta leitura, você não encontrará regras a seguir, dogmas a aceitar ou promessas vazias; aqui, a proposta é de que você se reconheça como parte de uma realidade maior, na qual cada escolha sua reverbera por dimensões e gerações.

Eles, os Mestres Ascensos, nos observam e guiam, como estrelas que brilham nas noites mais escuras. Eles conhecem cada aflição, cada dúvida, cada anseio de paz, porque trilharam antes o mesmo caminho e enfrentaram os mesmos dilemas. Suas presenças são como sopros de luz em meio ao cotidiano e, quando se permitem ser sentidos, suas vibrações atuam como um abraço invisível, repleto de paz e segurança. Ao se aprofundar nos ensinamentos e histórias trazidas por este livro, você está se abrindo a essa mesma frequência. Sem dúvida, você já pressente que a leitura que está para começar não é comum; ela é uma porta aberta para que você viva o poder de um conhecimento íntimo e transformador.

Imagine a quietude e a força que advêm do entendimento profundo das leis cósmicas, que conectam tudo o que existe. É essa compreensão, oculta nos ensinamentos ancestrais da Grande Fraternidade Branca, que os Mestres de Luz nos trazem. Eles não pedem obediência, não oferecem recompensas; eles agem através de uma compaixão incondicional, de um amor que se estende a cada ser como um sussurro gentil, convidando à mudança. Esses mestres ensinam que o verdadeiro poder não reside em aquisições externas, mas em descobertas internas; que o despertar começa quando se permite ver além das ilusões, contemplando a vida em sua essência mais pura.

Por isso, este livro não é um simples relato ou uma coleção de histórias. Ele é um guia, um chamado pessoal que convida a ouvir a voz dos que ascenderam. Essa voz não soa como uma ordem, mas como um convite para que você trilhe seu próprio caminho, compreendendo que cada um possui uma jornada única e que, em algum ponto, todos se encontram na luz da mesma verdade. Nas páginas que você prestes a explorar, os mistérios dos Mestres serão desvendados com cuidado, sempre respeitando o ritmo de sua alma, sempre acompanhando o seu desejo sincero de entender a profundidade do próprio ser e de ir além do que o ordinário sugere.

Seja você alguém que já percorre os caminhos da espiritualidade ou alguém que se encontra em seu início, o conteúdo deste livro foi moldado para envolver e inspirar seu coração e sua mente. Porque a missão da Fraternidade Branca é uma missão de serviço e paz, e a intenção dos Mestres é sempre proteger e elevar a humanidade. As lições e as histórias dos Mestres Ascensos despertam em cada um de nós o que há de mais puro e grandioso, e, através de um chamado quase inaudível, recordam-nos que somos parte de uma vasta rede de amor e sabedoria que se estende para além do visível, conectando tudo e todos.

Sim, você está no lugar certo. Aqui, você encontrará verdades que ressoam, que ecoam nos espaços silenciosos de sua alma. E, ao abrir essas páginas, permita-se a experiência de quem se entrega a uma jornada transformadora. O conhecimento dos Mestres Ascensos não é uma teoria distante; ele é palpável e aplicado em cada aspecto da vida de quem aceita caminhar pela estrada do despertar. E se você chegou até este ponto, é porque essa estrada já se estendeu à sua frente. Em cada frase, cada ensinamento, você encontrará uma fagulha de luz que o acompanhará, iluminando suas dúvidas e acolhendo as incertezas de seu coração.

Esta é uma obra de abertura, uma mão estendida para que você reconheça o poder e a paz que já residem em você. Não há limites para o que se pode alcançar através deste caminho, mas o primeiro passo é permitir-se seguir adiante, abandonando antigas certezas e abraçando a liberdade do desconhecido. Este livro não lhe oferece verdades definitivas, mas, sim, uma série de chaves que podem abrir portas interiores, revelando uma vastidão de possibilidades e potenciais que esperam por sua descoberta. Os Mestres Ascensos não se impõem, eles esperam com paciência e amor que cada alma desperte, e seu aprendizado é uma revelação lenta, profunda e inevitável.

Assim, prepare-se para cruzar o limiar de um mundo que sempre esteve ao seu alcance, esperando que você estivesse pronto para percebê-lo. A Fraternidade Branca, com sua missão de amor e iluminação, estará com você em cada página, e cada passo nesta leitura o conduzirá a uma compreensão maior da beleza e da harmonia que existem além do comum. Lembre-se de que, a cada leitura, algo novo se revela, e que, se há algo a ser aprendido aqui, é que a vida é um ciclo eterno de despertar e evolução. Este livro, então, é um convite para que você experimente esse ciclo em sua essência mais profunda, e, ao final, possa vislumbrar a paz e a luz que existem, eternas e imutáveis, em seu coração e ao seu redor.

Capítulo 1
Introdução Geral

O universo guarda mistérios insondáveis, e cada estrela parece testemunha silenciosa de uma história maior, oculta por camadas de tempo e de sabedoria acumulada. Em meio a esses mistérios, emergem seres que ultrapassaram os ciclos comuns da existência humana, alcançando níveis de compreensão e transcendência raramente imaginados. Eles são os Mestres, luminares que caminham em planos invisíveis, mas cujos efeitos podem ser sentidos como um suave sussurro de luz que transforma e guia. A Grande Fraternidade Branca é a aliança de tais seres, uma irmandade espiritual que não conhece fronteiras ou limites de compreensão. Eles constituem uma força de paz e de conhecimento, agindo nos bastidores da vida terrena e espiritual para iluminar o caminho daqueles que buscam e mantêm aberta a porta da ascensão e da verdade.

No vasto panorama do que se entende por espiritualidade, existem poucas organizações que despertam tanto fascínio quanto a Grande Fraternidade Branca. Não se trata de uma ordem visível, organizada em estruturas físicas, tampouco de uma organização religiosa convencional. É, antes, uma comunhão de almas elevadas que transcenderam os laços terrenos, alcançando níveis superiores de existência. Esses seres são descritos como mestres, guias espirituais, instrutores invisíveis que, mesmo de longe, influenciam o destino e o progresso da humanidade em direção a uma realidade de maior entendimento. Contudo, as complexidades do que é invisível apenas se revelam àqueles que estão dispostos a olhar com olhos de reverência e espírito de humildade. E é nesse sentido que esta obra se coloca como um mapa, um guia que busca introduzir o leitor nas camadas mais profundas desse mistério.

A Fraternidade Branca existe como uma teia invisível de sabedoria e amor que conecta diferentes dimensões e planos de existência, unindo mundos e eras. Essa irmandade de luz não é limitada por barreiras geográficas, culturais ou temporais. Ela emerge, através de eras e civilizações, como uma constante luminosa, sempre presente, embora raramente visível. Seus membros, conhecidos como Mestres Ascensos, agem silenciosamente, nunca interferindo diretamente, mas sempre atuando como guias e protetores dos princípios espirituais que sustentam a evolução humana. Tais Mestres compreenderam a verdadeira essência da existência, ultrapassaram os limites da morte e renasceram como guardiões, comprometidos com a jornada espiritual de toda a humanidade.

A essência da Fraternidade Branca reside na ideia de que a evolução espiritual é um caminho inevitável para todos os seres, embora as formas de trilhá-lo possam variar imensamente. Para alguns, o caminho é de ascensão consciente, uma busca deliberada pela sabedoria e pelo entendimento. Para outros, ele pode ser menos evidente, manifestando-se em pequenos gestos de bondade e compaixão que, embora simples, carregam em si a essência do amor universal. E é exatamente esse amor, essa compaixão, que é o principal motor da missão da Grande Fraternidade Branca. Seus Mestres não agem para impor dogmas ou crenças; eles não exigem devoção cega nem prometem recompensas terrenas. Em vez disso, guiam sutilmente, incentivando a autotransformação e o reconhecimento de uma conexão mais profunda com o divino.

A história desses seres e dessa irmandade espiritual é tecida através de muitos símbolos, histórias e tradições, espalhados por diferentes culturas ao longo de milênios. Algumas tradições falam deles como "Mestres Ascensos", outros os chamam de "Adeptos" ou "Seres de Luz". Cada cultura parece ter uma versão própria para se referir a essas almas iluminadas, que aparecem como personagens quase míticos nas narrativas de sábios e visionários. Desde os antigos textos hindus, que descrevem grandes rishis e siddhas, até as tradições místicas do Ocidente, sempre houve menções a seres que transcenderam o ciclo de renascimento e morte, tornando-se mestres do próprio destino. E, mais do que isso, tornaram-se mestres e guardiões da luz que permeia o universo.

Mas o que realmente significa fazer parte de uma fraternidade espiritual como essa? Qual o compromisso desses mestres, e por que eles escolheriam permanecer próximos ao mundo terreno mesmo após terem se libertado dos ciclos de dor e aprendizado? Essas são questões que desafiam o entendimento ordinário e nos levam a contemplar a natureza mais profunda da compaixão e do serviço. Esses Mestres, ao alcançarem a libertação, poderiam facilmente ter se retirado para planos de existência onde o sofrimento e a limitação humana não mais os afetariam. No entanto, eles escolheram permanecer acessíveis, atuando como pontes entre o mundano e o divino. Essa escolha não é feita por um senso de dever imposto, mas por um amor profundo e incondicional pela humanidade, uma compaixão que não vê limites e que se expande, envolvendo todos os seres.

A Grande Fraternidade Branca, portanto, não é um refúgio de almas isoladas em meditação eterna. É um organismo vivo, dinâmico, um conjunto de seres que atuam constantemente, auxiliando no despertar da consciência espiritual de toda a humanidade. Sua presença é como uma brisa suave que move as folhas de uma árvore, invisível mas perceptível, silenciosa mas profunda em seus efeitos. E aqueles que conseguem captar esse movimento, que escutam o chamado silencioso desses seres, começam a trilhar um caminho de despertar interior, reconhecendo que, de fato, nunca estiveram sozinhos.

Esse chamado ao despertar é um lembrete constante de que o divino habita em cada ser, e que o potencial para a iluminação não está reservado a poucos, mas é o destino final de toda a criação. O compromisso desses Mestres com a humanidade é um pacto silencioso de amor e serviço, uma promessa de que sempre haverá auxílio e orientação para aqueles que sinceramente buscam. Mas não é um caminho fácil, pois exige coragem para abandonar as ilusões confortáveis e enfrentar as verdades que emergem quando se penetra nas camadas mais profundas do próprio ser. É um chamado ao autoconhecimento, à disciplina interior, e à abertura para reconhecer que o aprendizado e a transformação são estados contínuos, que se estendem para além de uma única vida.

A essência da Fraternidade Branca é, portanto, um espelho que reflete as potencialidades mais elevadas da alma humana. E é justamente através desse espelho que a humanidade é convidada a se ver com olhos de sabedoria, a reconhecer o próprio valor espiritual e a buscar uma vida alinhada com a verdade. Cada mestre, em sua jornada de ascensão, enfrentou batalhas interiores e superou desafios que não são diferentes dos enfrentados por qualquer ser humano. Eles foram, em vidas anteriores, homens e mulheres que viveram, sofreram e aprenderam, que erraram e se redimiram, que caíram e se levantaram inúmeras vezes. A diferença está em que eles escolheram não interromper essa jornada de autotransformação até alcançarem a compreensão plena de sua verdadeira natureza.

O propósito desta obra é não apenas apresentar uma visão mais clara sobre quem são esses mestres e o que representam, mas também abrir as portas para uma experiência espiritual autêntica e transformadora. Mais do que isso, é um convite a olhar para além das aparências do mundo material e das limitações autoimpostas, reconhecendo que o verdadeiro potencial da alma humana está além do que se pode ver ou medir. É um chamado àqueles que sentem uma inquietação interior, um anseio por algo mais profundo e real, algo que transcenda as narrativas comuns e traga uma sensação de unidade e de paz. Essa é a promessa da Fraternidade Branca: de que, independentemente das tempestades do mundo, sempre haverá um porto seguro, uma luz que guia e uma mão invisível que sustenta.

Essa introdução não pretende resolver todos os mistérios, pois o caminho espiritual é, antes de tudo, uma jornada pessoal.

Cada indivíduo que busca os ensinamentos da Grande Fraternidade Branca o faz a partir de um ponto único em sua própria evolução, e, portanto, a experiência será diferente para cada um. Não existem regras rígidas ou mapas definitivos, mas apenas pistas e sinais que cada alma é convidada a seguir com sinceridade e humildade. A Fraternidade não pede obediência cega nem exige sacrifícios físicos, mas convida ao sacrifício das ilusões, ao abandono do ego limitado e ao acolhimento de uma realidade que é, por sua própria natureza, imensamente maior e mais bela.

Ao longo desta obra, o leitor encontrará ensinamentos que visam despertar não apenas o intelecto, mas o coração. Porque o verdadeiro conhecimento, aquele que transforma e eleva, não é uma mera acumulação de informações, mas sim uma experiência direta e intransferível. A sabedoria que a Fraternidade Branca compartilha não é composta de teorias abstratas, mas de práticas e conceitos que podem e devem ser aplicados à vida cotidiana, tornando-se parte da experiência concreta de cada um. E essa sabedoria nos lembra que cada momento, cada respiração e cada escolha são oportunidades para manifestar a luz divina que habita em nós.

Assim, ao iniciar essa jornada de leitura e reflexão, o convite é para que o leitor se abra ao desconhecido, permitindo-se ser guiado pela intuição e pela confiança. Os mestres que compõem a Grande Fraternidade Branca não estão distantes ou inacessíveis; eles estão, de fato, mais próximos do que se imagina, esperando apenas que os olhos do coração se abram para perceber sua presença. Que essa obra seja, então, uma chave, uma porta aberta para aqueles que sentem o chamado, para aqueles que desejam não apenas aprender, mas vivenciar a presença desses seres e o propósito da Fraternidade Branca na grande sinfonia da existência.

Essa é uma jornada que começa dentro de cada um e que ecoa através de todos os tempos e espaços, iluminando o caminho para uma humanidade mais consciente e desperta.

Capítulo 2
A Grande Fraternidade Branca: Origem e Propósito

Em algum ponto, entre a tênue linha que separa o visível do invisível, repousa uma força antiga, composta de seres que caminharam entre as sombras e a luz, conhecendo os altos e baixos da existência humana, mas que hoje residem em um estado de harmonia e sabedoria superior. A Grande Fraternidade Branca é como uma corrente espiritual que flui além do tempo, conectando aqueles que transcenderam a necessidade de reconhecimento mundano e que, agora, se dedicam a guiar e iluminar a humanidade no caminho do despertar espiritual. Trata-se de uma organização de espíritos elevados, unidos pelo propósito de assistir a todos que buscam expandir sua consciência e alinhar suas vidas ao fluxo divino.

A origem da Fraternidade é um dos mistérios que inspiram mitos e relatos variados, uma história imprecisa, como se fosse velada por um manto de luz sutil. Mas, ao olhar com mais atenção, torna-se possível perceber alguns fragmentos dessa narrativa que se espalham por diversas tradições espirituais. Alguns dizem que ela foi formada nos tempos mais remotos da humanidade, quando as civilizações mais antigas do planeta floresciam em um estágio de elevação que nos parece hoje quase inconcebível. Eram tempos em que seres humanos e deuses caminhavam juntos, tempos em que o divino se manifestava no cotidiano de forma clara e evidente.

Em mitologias antigas, há menções a uma era de ouro, na qual a sabedoria espiritual era acessível e viva. Em muitas culturas, fala-se de um período remoto em que homens e mulheres viviam em unidade com o cosmos, compreendendo que cada ser, cada planta e cada estrela são expressões da mesma essência. É nesse período mítico que alguns acreditam ter surgido a Grande Fraternidade Branca, constituída por aqueles que, ao alcançarem a iluminação, decidiram permanecer próximos ao mundo terreno, orientando-o no caminho de volta ao equilíbrio cósmico.

A ideia de que a Fraternidade se origina em um tempo imemorial, onde os conhecimentos espirituais eram mais integrados à vida diária, traz uma perspectiva profunda sobre a natureza humana. Mostra que, no fundo, essa aliança espiritual representa o desejo coletivo por autotranscendência, por uma existência que não se limita ao ciclo de nascimento, vida e morte, mas que reconhece o potencial ilimitado que cada alma carrega em si. Esses seres que compõem a Fraternidade não são deuses no sentido tradicional; eles são, antes, almas que atingiram o domínio de si mesmas, ultrapassando a necessidade de reencarnação e alcançando um estado de plena consciência e iluminação. Em outras palavras, eles representam a possibilidade que todos têm de alcançar a mesma paz e sabedoria.

À medida que a humanidade se afastava de sua conexão primitiva com o divino, mergulhando nas complexidades do materialismo e da vida mundana, a Fraternidade Branca permanecia como um lembrete silencioso desse passado de luz. Por essa razão, a Fraternidade tem como uma de suas missões principais recordar aos seres humanos que o caminho de volta ao divino é sempre possível. E essa lembrança é oferecida não como um dogma ou uma verdade imposta, mas como um convite, uma abertura para que cada um encontre seu próprio caminho de autoconhecimento e elevação. A Fraternidade, em seu propósito, jamais interfere diretamente nas escolhas de cada alma, pois compreende que o verdadeiro aprendizado só é possível quando a própria vontade está envolvida no processo de evolução.

Cada Mestre que compõe essa irmandade possui uma missão específica, mas todos estão unidos por um propósito comum: auxiliar na ascensão da humanidade e no seu alinhamento com o amor e a sabedoria divinos. Eles não se impõem como senhores ou autoridades, mas como conselheiros invisíveis que inspiram aqueles que estão prontos para ouvir e compreender as verdades sutis da existência. Alguns desses Mestres passaram a ser conhecidos ao longo da história; eles surgem em diferentes culturas, como avatares ou sábios que trazem consigo mensagens de paz, harmonia e equilíbrio. No entanto, grande parte deles permanece anônima, operando a partir dos planos espirituais sem a necessidade de reconhecimento ou adoração.

A missão da Grande Fraternidade Branca é ampla e profunda, refletindo-se tanto nos planos espirituais quanto no cotidiano. Eles não estão distantes das necessidades humanas, e muitos de seus ensinamentos se dirigem diretamente ao coração dos desafios que enfrentamos, seja nas relações, no desenvolvimento pessoal ou na busca de sentido. A sua atuação não se limita ao apoio espiritual abstrato; é uma ajuda prática, uma orientação que se manifesta através de intuições, inspirações e momentos de clareza. Esses Mestres não ditam regras; eles sugerem caminhos, oferecendo insights que levam cada um a fazer suas próprias descobertas.

Um dos aspectos mais notáveis da Fraternidade é sua capacidade de se adaptar aos tempos e às circunstâncias. Através dos séculos, os Mestres encontraram formas de se fazer presentes e de influenciar positivamente a humanidade, mesmo quando suas mensagens não eram compreendidas em sua totalidade. A sabedoria da Fraternidade é fluida e se ajusta às necessidades de cada época, aparecendo ora em ensinamentos escritos, ora em lendas, ora nos corações daqueles que sentem o chamado para uma vida mais consciente. É por isso que, mesmo com o passar dos séculos, a Fraternidade Branca permanece relevante e atual, uma fonte de luz que não se apaga, mas se transforma, moldando-se para continuar acessível.

E essa missão evolutiva reflete também a diversidade de culturas, crenças e indivíduos que ao longo da história tiveram algum contato com os ensinamentos da Fraternidade. Os Mestres compreendem que a humanidade não é uma entidade uniforme; ela é composta por almas únicas, cada uma com seu próprio caminho, suas próprias lições e desafios. Assim, eles moldam sua mensagem de forma a alcançar cada um de maneira particular, considerando sempre as limitações e as potencialidades de cada época e de cada cultura. Essa abordagem permite que a Fraternidade se torne um ponto de convergência de várias tradições, uma síntese de ensinamentos que ressoa com o universal e com o atemporal.

Ainda que alguns vejam a Fraternidade como um conceito místico, reservado aos espiritualistas, ela, na verdade, transcende quaisquer rótulos ou categorias. Sua essência é a própria sabedoria universal, que pode ser aplicada por qualquer pessoa, independentemente de crenças ou religiões. A Fraternidade Branca é, por assim dizer, uma expressão viva do amor divino, uma força que está disponível para todos os que buscam crescimento interior. Seus Mestres ensinam através do exemplo, e muitos deles já foram figuras humanas conhecidas, que deixaram marcas em suas respectivas culturas, seja como santos, profetas, filósofos ou sábios. Assim, a Fraternidade demonstra que qualquer pessoa pode, através do empenho e do despertar de sua consciência, tornar-se parte desse grande organismo espiritual.

Outro aspecto fundamental da Fraternidade é sua natureza de serviço. Os Mestres dedicam-se à humanidade não por obrigação, mas por uma compaixão e um amor que transcendem qualquer compreensão humana comum. Eles percebem cada ser humano como parte de uma unidade maior e compreendem que a dor de um indivíduo reflete a dor do coletivo. Esse entendimento profundo de interconexão faz com que a ajuda e a orientação sejam oferecidas a todos, sem distinção. Eles não buscam converter ou convencer; simplesmente aguardam que cada ser encontre o momento certo para ouvir e responder ao chamado da verdade.

A Fraternidade Branca também tem um propósito de equilíbrio. Eles entendem que a Terra e todos os seus habitantes estão interligados e que o desenvolvimento de cada alma contribui para a harmonia do planeta como um todo. Sua missão é promover esse equilíbrio, facilitando a cura espiritual tanto em nível individual quanto coletivo. Para isso, eles operam não apenas no plano terrestre, mas também nas dimensões sutis, influenciando positivamente o campo energético do planeta e auxiliando na transmutação de energias negativas. Esse trabalho de equilíbrio é contínuo e silencioso, sustentado pelo compromisso inabalável dos Mestres em manter a humanidade em um caminho de paz e crescimento.

Além disso, os Mestres da Fraternidade Branca possuem um entendimento profundo das leis espirituais que regem o universo. Eles compreendem que tudo no cosmos segue uma ordem perfeita, e que cada ação gera uma consequência, ecoando pelos mundos físico e espiritual. Essa compreensão os torna aptos a auxiliar na resolução de conflitos e na harmonização de energias, promovendo uma paz que vai além das aparências. Por meio de práticas espirituais, meditações e rituais, eles trabalham para dissipar a ignorância e o medo, que são os grandes inimigos da evolução. Ao inspirar e orientar, eles incentivam cada ser humano a reconhecer sua própria capacidade de se transformar e de transformar o mundo ao seu redor.

A Fraternidade Branca, portanto, representa um chamado para que a humanidade recupere sua conexão com a luz e com a paz. Mas esse chamado não é uma imposição; é uma escolha que cada um deve fazer por si mesmo, com base em sua própria busca e entendimento. Os Mestres estão sempre prontos para auxiliar aqueles que buscam essa conexão, oferecendo não uma solução pronta, mas ferramentas para que cada um encontre sua própria verdade. A Fraternidade é, assim, uma fonte inesgotável de orientação e amor, uma ponte entre o humano e o divino que só se torna visível para aqueles que abrem seus corações.

Esse propósito de amor e iluminação não conhece fronteiras e é tão antigo quanto a própria humanidade. A Grande Fraternidade Branca é, em última análise, uma manifestação do próprio espírito da evolução, um lembrete de que todos estamos destinados a algo maior, uma vida de paz, compreensão e unidade com o Todo.

Capítulo 3
Os Mestres Ascensos e sua Missão de Luz

Em um horizonte além do alcance dos olhos físicos, repousa um grupo de seres cuja missão se assemelha à luz que guia os navegantes na noite escura. São os Mestres Ascensos, seres que, em algum momento, trilharam o caminho humano, conhecendo as dores e desafios da vida terrena, e que, após um longo processo de purificação e aprendizado, transcenderam as limitações da matéria. São sábios que alcançaram a plenitude de suas almas e que, por amor, escolheram retornar ao plano espiritual para atuar como guias silenciosos da humanidade. Esses mestres representam uma fonte de luz inabalável, cuja presença constante é como um farol para aqueles que se encontram perdidos ou em busca de uma verdade maior.

Os Mestres Ascensos são mais do que apenas seres iluminados; são almas que, ao longo de inúmeras vidas, cultivaram virtudes e sabedoria a tal ponto que atingiram um estado de consciência universal. Eles não mais retornam ao ciclo comum de nascimento e morte, mas vivem em um plano onde a paz e a clareza espiritual se tornaram sua essência. Eles representam o ápice da evolução espiritual, onde o ego e os desejos mundanos foram superados, dando lugar a uma existência que se baseia em compaixão, serviço e harmonia com as leis cósmicas. Esse nível de consciência os permite atuar de maneira a influenciar o curso da humanidade, guiando-a silenciosamente, sem interferir no livre-arbítrio, mas oferecendo um apoio espiritual invisível.

A jornada até a ascensão não é simples nem rápida. É um processo que envolve muitos renascimentos e uma dedicação contínua ao aprimoramento interior. Esses mestres, em vidas anteriores, foram homens e mulheres que enfrentaram desafios, paixões e erros, assim como qualquer ser humano. Eles experimentaram os altos e baixos da existência humana, sofreram perdas, medos e angústias, mas escolheram persistir no caminho da verdade. Ao longo de suas vidas, aprenderam a domar o ego e a ouvir a voz da alma, até que, finalmente, alcançaram um estado de paz e equilíbrio tão profundo que puderam transcender as limitações do mundo físico. Suas histórias são um testemunho da força do espírito humano, um lembrete de que qualquer pessoa tem o potencial de seguir esse caminho e atingir a elevação espiritual.

Cada Mestre Ascenso é uma fonte única de sabedoria e virtude, refletindo qualidades específicas que servem de exemplo para aqueles que buscam a iluminação. Alguns deles são conhecidos na história e na mitologia por seus atos de bondade, compaixão e coragem. Suas vidas terrenas muitas vezes foram repletas de desafios que exigiram grande fortaleza e devoção, características que, uma vez aperfeiçoadas, os tornaram aptos a auxiliar a humanidade de uma forma superior. Eles são guardiões da luz, zelando pelo progresso espiritual do planeta e protegendo os princípios de amor e unidade que sustentam a existência. Embora invisíveis para a maioria, sua presença pode ser sentida por aqueles que buscam sinceramente e que estão abertos a receber o influxo de sua sabedoria.

A missão dos Mestres Ascensos é, essencialmente, um trabalho de serviço à humanidade, uma tarefa assumida com humildade e dedicação. Eles não buscam adoração, nem se colocam como figuras de poder. Sua verdadeira natureza é a do amor incondicional, e seu propósito é auxiliar no despertar da consciência de cada ser humano. Através de inspiração, intuição e proteção espiritual, eles buscam fortalecer aqueles que estão prontos para evoluir, ajudando-os a superar os obstáculos internos que impedem seu crescimento. Eles agem como mentores espirituais, oferecendo uma espécie de ensino silencioso que se manifesta em momentos de profunda clareza e compreensão, e que leva a alma a recordar sua verdadeira natureza divina.

Os Mestres Ascensos não impõem suas lições; eles respeitam profundamente o livre-arbítrio e a individualidade de cada ser. A compreensão e a transformação devem vir de dentro, e cada pessoa precisa estar preparada para recebê-las. Assim, os Mestres se colocam como uma presença suave e acolhedora, esperando que cada alma, em seu próprio ritmo, desperte para o chamado da verdade. Eles atuam como um eco daquilo que a própria alma já sabe, mas que muitas vezes permanece encoberto pelas distrações do mundo e pelos condicionamentos da mente. Em sua essência, eles apenas revelam aquilo que já está presente em cada ser humano, ajudando-o a redescobrir a luz que sempre esteve ali.

Esse compromisso dos Mestres com o despertar da humanidade é uma expressão de um amor que vai além do entendimento humano comum. Em sua sabedoria, eles reconhecem que toda a criação é uma manifestação de um mesmo princípio divino, e que cada alma é um fragmento dessa mesma luz primordial. Por essa razão, seu trabalho de orientação e suporte não se limita a uma única cultura, religião ou época. Eles são guias universais, agindo em sintonia com a essência de cada época e adaptando suas mensagens conforme as necessidades de cada geração. Em períodos de escuridão e incerteza, os Mestres intensificam sua presença, buscando trazer clareza e esperança para aqueles que se encontram desorientados.

Um dos princípios fundamentais que os Mestres Ascensos buscam transmitir é o de que a verdadeira liberdade espiritual não se encontra fora, mas sim dentro de cada um. Eles ensinam que o sofrimento é uma consequência do apego e da ignorância, e que a libertação só é possível quando o indivíduo começa a cultivar uma visão mais profunda e ampla da vida. Por meio da prática da meditação, do autoconhecimento e do desapego, eles incentivam cada pessoa a olhar para além das aparências, descobrindo a paz que reside na compreensão do próprio ser. Esse processo de autodescoberta, embora desafiador, é o caminho para a verdadeira iluminação, e os Mestres estão sempre presentes para apoiar aqueles que optam por trilhá-lo.

Além disso, os Mestres Ascensos frequentemente utilizam símbolos, arquétipos e rituais como formas de auxiliar no processo de aprendizado espiritual. Eles compreendem que a mente humana precisa de formas e representações para se conectar com as verdades mais abstratas. Assim, ao longo da história, os Mestres inspiraram a criação de práticas e tradições que servem como pontes entre o humano e o divino. Essas práticas são encontradas em diferentes culturas e religiões, e ainda que variem em aparência, compartilham o mesmo objetivo: ajudar cada ser a lembrar-se de sua origem espiritual e a cultivar virtudes como o amor, a paciência e a compaixão.

Outra característica importante dos Mestres Ascensos é a sua capacidade de atuar tanto no plano espiritual quanto no plano físico, adaptando-se às necessidades de cada um. Embora a maioria de sua atuação seja invisível aos olhos físicos, há momentos em que eles se manifestam de maneiras mais diretas, muitas vezes através de inspirações, sonhos ou até mesmo na forma de uma pessoa comum que cruza o caminho de alguém em um momento crucial. Em alguns relatos, eles são descritos como figuras radiantes, envoltas em uma aura de paz e serenidade, que surgem nos momentos de grande angústia para trazer conforto e orientação. Essas manifestações diretas são raras, mas aqueles que tiveram essa experiência a descrevem como algo profundamente transformador.

A presença dos Mestres Ascensos é, portanto, uma constante na vida espiritual da humanidade, mesmo que essa presença passe despercebida pela maioria. Eles estão presentes, influenciando silenciosamente o curso da história e oferecendo auxílio invisível àqueles que buscam sua própria elevação. Sua atuação pode ser percebida em momentos de intuição ou inspiração, em insights profundos que parecem surgir de lugar nenhum e que trazem consigo uma clareza inconfundível. Para aqueles que aprendem a escutar essa orientação sutil, a presença dos Mestres se torna uma fonte de força e paz, uma lembrança constante de que nunca estamos verdadeiramente sozinhos em nossa jornada.

Ao longo da história, algumas figuras se destacaram como representantes diretos dos ensinamentos dos Mestres Ascensos, tornando-se pontes entre o mundo espiritual e o mundo material. Essas almas, que em muitas culturas foram reverenciadas como santos, profetas ou iluminados, traziam consigo uma centelha dos ensinamentos dos Mestres. Elas tinham a capacidade de inspirar e elevar aqueles que as seguiam, ajudando-os a despertar para o potencial latente dentro de si mesmos. Essas figuras, embora muitas vezes cercadas de mistério, foram verdadeiros veículos da luz, cumprindo a missão de levar a sabedoria dos Mestres a todos os cantos do mundo.

A missão dos Mestres Ascensos é, portanto, uma missão de luz, uma tarefa assumida com humildade e dedicação. Eles compreendem que a transformação da humanidade é um processo gradual, que ocorre no tempo certo para cada um. Não há pressa nem urgência, mas sim uma paciência infinita, um amor que não conhece barreiras. Eles não estão aqui para julgar, mas para inspirar e fortalecer. Sua presença é uma prova de que, independente das dificuldades e das sombras que possam surgir, sempre haverá uma luz, um caminho que leva ao entendimento e à paz.

Esses Mestres não se limitam a agir em um plano ou época específicos; sua influência é atemporal e transcultural. Suas mensagens ecoam nas tradições espirituais do mundo todo, de modo que, mesmo aqueles que nunca ouviram falar dos Mestres Ascensos diretamente, são tocados por sua sabedoria através dos ensinamentos e práticas que eles inspiraram. Esse trabalho silencioso é uma dádiva que se perpetua e se adapta conforme a humanidade avança, assegurando que sempre haverá uma oportunidade para que todos possam acessar essa sabedoria, seja por meio de livros, rituais, meditações ou em momentos de introspecção.

Assim, ao olhar para a missão dos Mestres Ascensos, é possível ver que sua presença é uma das manifestações mais puras do amor divino. Eles estão entre nós, sempre prontos para ajudar e guiar aqueles que estão dispostos a ouvir. Eles não pedem nada em troca, pois seu trabalho é uma expressão natural de quem são. Eles são luz, paz e compreensão. Eles são os guardiões da verdade eterna, sempre presentes, sempre fiéis ao seu compromisso com a humanidade. Através de sua missão de luz, eles trazem esperança e renovação, mostrando que a ascensão é possível e que o amor é a essência que conecta todos os seres em uma teia infinita de compaixão e sabedoria.

Capítulo 4
Como a Fraternidade Branca Atua no Plano Espiritual e Terreno

Na imensidão que permeia o mundo visível e o invisível, a Fraternidade Branca age como uma força silenciosa, mas sempre presente, exercendo sua influência com uma sutileza que escapa ao olhar comum. Suas ações se desdobram tanto no plano espiritual quanto no plano físico, e seu trabalho é dedicado a promover o bem-estar, a evolução e o despertar espiritual da humanidade. Essa irmandade invisível, formada por almas elevadas que transcenderam as limitações do mundo material, está comprometida com a tarefa de guiar a Terra e seus habitantes na jornada em direção à luz, à sabedoria e à paz. Eles agem, em parte, como conselheiros espirituais invisíveis e, em parte, como trabalhadores da luz, auxiliando nas transformações que a humanidade precisa experimentar.

O plano espiritual é o campo primordial de atuação da Fraternidade Branca. Nessa esfera elevada, os Mestres trabalham de maneira incansável para harmonizar e equilibrar as energias que sustentam a vida na Terra. Eles atuam em dimensões que estão além da percepção humana comum, operando em estados de consciência que transcendem as limitações físicas e que se aproximam da frequência do amor universal. Nesse espaço, os Mestres canalizam energias de cura e transformação, envolvendo o planeta em uma vibração elevada que sustenta e ampara todos os que estão dispostos a acolher o crescimento interior. São eles que formam uma rede de proteção e luz que mantém a estabilidade energética da Terra, mesmo nos momentos mais conturbados.

Entre suas ações mais importantes no plano espiritual está o envio de impulsos de sabedoria e inspiração, que são recebidos por aqueles que possuem uma sensibilidade para captar tais mensagens. Essas inspirações chegam como intuições, sonhos ou insights que parecem brotar do nada, mas que na verdade são fruto de um contato sutil com a sabedoria dos Mestres. Eles não impõem pensamentos ou ideias; em vez disso, plantam sementes de entendimento que, ao longo do tempo, germinam no coração e na mente das pessoas. Através desse processo, a Fraternidade Branca age como um canal de sabedoria divina, inspirando as almas a caminhar na direção do autoconhecimento e da paz.

No plano espiritual, os Mestres também se dedicam a atuar como guias para as almas que deixaram o corpo físico e que atravessam os portais da morte. Muitos que deixam o mundo terreno se encontram desorientados, presos aos apegos e medos que cultivaram durante a vida. Nesses momentos, os Mestres atuam como uma luz guia, auxiliando essas almas a libertarem-se dos laços que as prendem e a seguirem para planos de aprendizado e cura. Essa tarefa exige uma compreensão profunda das emoções humanas, e os Mestres, que um dia viveram essas mesmas experiências, sabem exatamente como oferecer o conforto necessário. Seu papel é não apenas de guias, mas de cuidadores espirituais, que zelam pelo bem-estar de cada ser.

A atuação da Fraternidade Branca também é essencial na orientação dos trabalhadores espirituais que se dedicam a trazer luz para o mundo. Aqueles que desempenham atividades como curadores, médiuns, terapeutas holísticos e outros trabalhadores da luz, muitas vezes recebem o auxílio direto dos Mestres. Esses profissionais podem perceber, em momentos de meditação ou oração, uma presença sutil que os orienta em suas ações e decisões. Esse auxílio pode manifestar-se como uma intuição aflorada, um direcionamento mais claro, ou até mesmo como uma sensação de paz e proteção que os acompanha durante seu trabalho. Assim, a Fraternidade atua como uma força invisível que ampara e fortalece todos os que se comprometem com a missão de cura e transformação do mundo.

No entanto, o trabalho da Fraternidade Branca não se limita ao plano espiritual. Eles também atuam diretamente no plano terreno, influenciando a humanidade de maneiras sutis e estratégicas. Suas ações, contudo, não interferem no livre-arbítrio, e por isso, eles se manifestam de maneira discreta, permitindo que cada ser humano faça suas escolhas livremente. Muitas vezes, os Mestres inspiram mudanças coletivas, promovendo ideias de paz, compaixão e entendimento que vão se enraizando aos poucos na consciência humana. São esses impulsos que, ao longo do tempo, geram transformações sociais, culturais e espirituais, alinhando a humanidade aos princípios de harmonia e unidade.

A Fraternidade Branca também possui uma influência importante em momentos decisivos da história. Em tempos de crises profundas, seja por conflitos, desastres naturais ou desequilíbrios sociais, eles intensificam sua atuação, enviando ondas de paz e esperança para minimizar o sofrimento e apoiar aqueles que precisam. Em muitos casos, surgem líderes, filósofos, cientistas e artistas que são inspirados diretamente pelos Mestres, e que, mesmo sem saber, atuam como seus canais na Terra. Essas pessoas trazem consigo mensagens e ideias que ajudam a iluminar o caminho em períodos sombrios, promovendo avanços que beneficiam a coletividade e elevam a consciência humana.

Os Mestres Ascensos também têm um papel fundamental na proteção espiritual do planeta. Existe uma dimensão energética ao redor da Terra, conhecida como campo áurico do planeta, que é influenciada tanto pelas ações humanas quanto pelas forças cósmicas. Esse campo é responsável por sustentar a vida e manter o equilíbrio das energias terrestres. Os Mestres atuam nesse campo energético, limpando e purificando as energias negativas acumuladas ao longo do tempo. Eles trabalham para dissipar as vibrações densas que podem causar sofrimento e bloqueios espirituais, restaurando o equilíbrio natural do planeta e assegurando que a humanidade possa evoluir em um ambiente harmonioso e positivo.

Além disso, a Fraternidade Branca desempenha um papel essencial no apoio aos processos de cura espiritual e emocional dos indivíduos. Muitas pessoas, ao passar por momentos de dor, luto ou sofrimento, acabam recorrendo ao auxílio espiritual, e é nesse momento que os Mestres se aproximam para oferecer conforto e orientação. Embora invisíveis, sua presença pode ser sentida como um calor suave, uma paz que se instala no coração e que parece aliviar as tensões e as angústias. Essa ajuda é oferecida a todos, independentemente de crença ou religião, pois os Mestres compreendem que a essência espiritual é universal e que cada ser humano merece ser amparado em sua jornada.

Outra forma pela qual a Fraternidade Branca atua no plano terreno é por meio do trabalho com grupos espirituais e centros de estudos esotéricos. Ao longo do tempo, surgiram muitas organizações e comunidades dedicadas ao aprendizado e à prática dos ensinamentos espirituais. Muitos desses grupos foram fundados ou inspirados pela Fraternidade, que usa esses canais para disseminar suas mensagens e orientações. Esses espaços se tornam locais de aprendizado e transformação, onde os ensinamentos dos Mestres são compartilhados e onde aqueles que buscam um entendimento mais profundo podem encontrar apoio e orientação para sua jornada espiritual.

Os Mestres da Fraternidade Branca, contudo, jamais exigem adoração ou submissão. Eles não são figuras de culto, mas sim instrutores que guiam sem interferir na liberdade de cada ser. Seus ensinamentos são oferecidos como uma fonte de sabedoria que cada um pode explorar e integrar de acordo com suas próprias necessidades e interesses. Essa liberdade é um princípio sagrado para a Fraternidade, pois eles compreendem que o verdadeiro crescimento espiritual só pode ocorrer quando é impulsionado pela vontade interna de cada um. Por isso, a Fraternidade respeita profundamente o tempo e o processo de cada alma, auxiliando-a a encontrar o próprio caminho para a realização espiritual.

A atuação da Fraternidade Branca também é vista na maneira como inspira o surgimento de novas práticas de meditação, oração e cura. Esses métodos espirituais são transmitidos aos seres humanos como ferramentas de autotransformação, ajudando-os a purificar suas energias e a desenvolver uma conexão mais profunda com o divino. Meditações guiadas, visualizações e práticas de energização são algumas das técnicas que surgiram a partir desse trabalho invisível. Essas práticas auxiliam o indivíduo a alinhar seu campo energético com a frequência dos Mestres, facilitando a recepção de sua orientação e permitindo que cada pessoa desenvolva um canal direto com a sabedoria universal.

A Fraternidade Branca, por meio de seu trabalho espiritual, serve como um lembrete constante de que a humanidade não está sozinha em sua busca por elevação e compreensão. Sua atuação é como um sopro suave, uma presença discreta que se manifesta nos momentos mais importantes, amparando e protegendo aqueles que estão prontos para trilhar o caminho da luz. O que move os Mestres é um amor incondicional, uma compaixão que transcende qualquer limitação e que se expressa na forma de uma ajuda constante, mesmo que muitas vezes invisível. Eles são como anjos silenciosos que habitam os planos elevados, mas que estão sempre atentos às necessidades da Terra e de seus habitantes.

Assim, a Fraternidade Branca representa um elo vital entre o espiritual e o terreno, um canal de luz que flui incessantemente em direção ao planeta, trazendo harmonia e paz. Cada pensamento de amor, cada ato de bondade, cada oração sincera ajuda a fortalecer essa conexão, permitindo que as bênçãos da Fraternidade alcancem todos os recantos do mundo. A Terra, mesmo em seus momentos mais escuros, sempre contará com o apoio silencioso desses Mestres, cuja missão é assegurar que o caminho da ascensão permaneça sempre acessível para todos aqueles que desejam encontrar a verdade.

Por fim, a atuação da Fraternidade Branca é uma prova de que a espiritualidade é um caminho universal, acessível a todos. Sua presença invisível e constante lembra à humanidade que existe uma realidade maior além do que se pode ver, e que essa realidade é fundamentada no amor e na unidade. Ao se conectarem com a Fraternidade, as almas que buscam o despertar encontram um apoio firme e uma orientação segura, capaz de iluminar até os cantos mais profundos de suas dúvidas e receios. Esse trabalho de luz e paz é o grande legado dos Mestres para a humanidade, um lembrete de que a jornada espiritual é compartilhada e que, no fim, todos somos parte de uma mesma essência divina.

Capítulo 5
A História da Fraternidade Branca e sua Conexão com a Humanidade

Nos confins do tempo, onde o passado se entrelaça com os mitos e as verdades eternas, há registros que apontam para a existência de uma fraternidade espiritual que transcende culturas, eras e civilizações. Essa irmandade secreta, conhecida como a Grande Fraternidade Branca, é descrita como um conjunto de almas iluminadas, cujo propósito é guiar a humanidade ao longo de sua evolução, amparando seu desenvolvimento espiritual. Não há um único ponto de origem, pois a Fraternidade Branca parece existir desde o princípio da história humana, adaptando-se e manifestando-se em diferentes formas e épocas para responder às necessidades do mundo e de seus habitantes.

Histórias de seres extraordinários, sábios e mestres espirituais atravessaram gerações, transmitidas através de lendas, tradições orais e escrituras sagradas. Em culturas antigas, como a egípcia, a indiana e a mesopotâmica, figuras como sacerdotes, avatares e rishis (sábios) eram frequentemente associadas a uma sabedoria superior, que transcendia o comum e conduzia à percepção do divino. Esses seres foram descritos como aqueles que possuíam um entendimento profundo das leis do universo e das verdades espirituais, capazes de transcender a realidade mundana e conectar-se a níveis superiores de consciência. É nesses relatos antigos que muitos estudiosos veem os primeiros sinais da Fraternidade Branca, uma presença sutil que, ainda nas sombras, acompanhava e orientava a humanidade.

Para aqueles que observam de fora, a Fraternidade Branca pode parecer um mistério impenetrável, uma organização velada cujos membros agem invisivelmente, sem jamais buscar reconhecimento. No entanto, sua conexão com a humanidade sempre esteve presente, seja nas influências espirituais que inspiraram grandes ensinamentos religiosos, seja na forma de princípios éticos que fundamentaram antigas civilizações. Em diferentes períodos, a Fraternidade Branca encarnou seus ensinamentos em figuras icônicas, muitas vezes reverenciadas como sábios, profetas, místicos ou santos. Eles surgiram em momentos críticos, oferecendo à humanidade a orientação necessária para relembrar sua conexão com o sagrado e para reafirmar o caminho do amor, da paz e da compaixão.

No antigo Egito, por exemplo, a tradição espiritual era rica em mistérios e rituais que visavam a elevação da alma. As escolas de mistério egípcias, onde sacerdotes e iniciados estudavam as leis espirituais e os segredos da criação, são frequentemente associadas à presença silenciosa da Fraternidade Branca. Acredita-se que os Mestres trabalharam com esses iniciados, guiando-os em suas práticas de transformação e transmutação espiritual, ensinando-os a enxergar além das aparências e a despertar o poder divino que reside em cada ser humano. Esses ensinamentos egípcios, codificados em hieróglifos e ritos secretos, serviram como uma ponte entre o humano e o divino, levando muitos buscadores a tocar o mistério da vida eterna.

Na Índia, a presença dos Mestres também se manifesta através dos textos védicos e das escrituras sagradas do hinduísmo, que mencionam seres conhecidos como rishis, ou sábios iluminados, que alcançaram um estado de completa união com o divino. Esses rishis eram os guardiões de uma sabedoria atemporal, passada de geração em geração, e muitos acreditam que eles mantinham contato com a Fraternidade Branca. Através de práticas como o yoga, a meditação e a devoção, esses sábios buscavam não apenas a própria iluminação, mas também o bem-estar espiritual da coletividade. Assim, a Índia antiga é vista como uma das culturas onde a influência da Fraternidade Branca se manifestou de maneira profunda e duradoura, impactando até hoje aqueles que buscam a paz e a realização espiritual.

Outras culturas, como a grega, a persa e a chinesa, também têm registros de figuras iluminadas que possuíam um conhecimento que ultrapassava a compreensão comum de sua época. Na Grécia, filósofos como Pitágoras e Platão eram iniciados nos mistérios que transcendem o conhecimento material, e acredita-se que eles tenham recebido inspiração direta dos Mestres. Pitágoras, por exemplo, estudou no Egito e trouxe para o Ocidente ensinamentos que conectavam ciência, espiritualidade e ética, sugerindo a presença de uma ordem universal regida pela harmonia. Esses conhecimentos foram fundamentais para o desenvolvimento do pensamento ocidental e continuam a influenciar a filosofia e a espiritualidade moderna. Em tempos antigos, esses filósofos e místicos eram vistos como pontes entre o mundo dos homens e o mundo dos deuses, e suas obras e ensinamentos servem de testemunho da influência da Fraternidade Branca.

A história da Fraternidade Branca não é linear, tampouco é contada de maneira explícita. É uma trama complexa de ensinamentos e influências que se entrelaçam em diferentes épocas, sempre adaptando-se às necessidades e ao nível de consciência de cada período. Em tempos de crise ou de mudança, a presença dos Mestres se faz sentir de maneira mais intensa, pois eles compreendem que o avanço espiritual da humanidade depende do suporte e da orientação que possam oferecer. Em momentos como esses, suas mensagens e ensinamentos se tornam mais acessíveis, como um farol para aqueles que buscam uma direção em meio à escuridão e às incertezas.

Durante o período da Renascença, por exemplo, observa-se uma explosão de conhecimento e criatividade que alterou o curso da história. Grandes artistas, cientistas e pensadores surgiram, trazendo consigo um sopro de renovação espiritual e cultural. Muitos estudiosos acreditam que esse período tenha sido inspirado diretamente pela Fraternidade Branca, que, por meio de insights e intuições, guiou homens e mulheres a redescobrirem o valor do conhecimento, da beleza e da verdade. Esse período marcou o início de uma nova era de busca pelo entendimento da natureza humana e do universo, alinhando a ciência e a espiritualidade em um esforço conjunto para compreender o sagrado. Personalidades como Leonardo da Vinci e Michelangelo, com sua visão ampla e quase sobre-humana, representam essa fusão entre o divino e o humano, entre o visível e o invisível.

Outro exemplo dessa conexão se revela na figura dos místicos e dos santos que surgiram ao longo da história cristã. Durante a Idade Média, em meio a um contexto de escuridão e opressão, figuras como São Francisco de Assis e Santa Teresa de Ávila despontaram como faróis de luz e pureza. Esses santos eram conhecidos por sua dedicação à compaixão e à devoção, e muitos acreditam que eles receberam orientação direta dos Mestres da Fraternidade Branca. Essas figuras foram capazes de transcender o dogmatismo de sua época, trazendo uma visão de espiritualidade que se baseava na experiência direta do divino e no amor incondicional pelo próximo. Eles eram exemplos vivos da presença dos Mestres, manifestando-se como guias para aqueles que buscavam o despertar espiritual em uma época de trevas.

Ao longo dos séculos, a Fraternidade Branca continuou a influenciar a humanidade de maneira silenciosa, utilizando-se de canais variados para transmitir suas mensagens de paz e de sabedoria. O movimento teosófico, surgido no século XIX, é um exemplo dessa influência moderna. Fundado por Helena Blavatsky, o movimento teosófico tinha como objetivo revelar os segredos da existência e mostrar a unidade essencial de todas as religiões. Blavatsky alegava estar em contato com Mestres Ascensos, que lhe transmitiam ensinamentos e instruções. A teosofia, ao propor uma visão de mundo que integrava ciência, religião e filosofia, refletia a essência da Fraternidade Branca, promovendo o entendimento de que todos os seres humanos são parte de um todo maior.

À medida que o século XX avançava, o mundo enfrentava novos desafios e transformações, e a Fraternidade Branca continuava a atuar, auxiliando a humanidade a lidar com os problemas de uma era moderna. Em um período marcado por guerras e revoluções, a influência dos Mestres permaneceu como uma força estabilizadora, oferecendo inspiração para aqueles que estavam dispostos a escutar sua voz silenciosa. Mesmo em meio ao caos, surgiram líderes espirituais e humanitários que foram guiados pela Fraternidade Branca, promovendo valores de amor, paz e unidade. Figuras como Mahatma Gandhi, com seu compromisso com a não-violência, e Martin Luther King Jr., com sua luta pelos direitos civis, são exemplos de como a Fraternidade se manifesta para guiar a humanidade na direção da justiça e do entendimento.

A conexão entre a Fraternidade Branca e a humanidade é, em última análise, uma manifestação do amor incondicional dos Mestres por todas as almas. Eles estão constantemente presentes, zelando pelo bem-estar do planeta e promovendo a paz espiritual. Essa ligação é como uma corrente de luz que flui continuamente entre os planos espirituais e terrenos, assegurando que a humanidade sempre terá uma fonte de amparo e orientação. Por mais que os tempos mudem e que as gerações se sucedam, essa conexão jamais se rompe, pois a missão dos Mestres Ascensos transcende o tempo e o espaço, perpetuando-se como uma presença constante, sempre acessível para aqueles que buscam o despertar.

Assim, a história da Fraternidade Branca é uma história de serviço e amor, uma narrativa que continua a ser escrita através das escolhas e dos atos de cada ser humano que decide viver em alinhamento com a verdade e a compaixão. É uma história que convida todos a reconhecerem a importância da espiritualidade em suas vidas e a compreenderem que a busca pela sabedoria não é um fim em si, mas um meio de contribuir para a evolução coletiva da humanidade. Esse legado espiritual é um presente que a Fraternidade Branca compartilha com o mundo, um convite à realização de nosso próprio potencial divino e à construção de uma realidade pautada pela paz, pelo amor e pela unidade.

Capítulo 6
Seres de Luz: Quem são os Mestres Ascensos?

Em um plano de existência que resplandece além do visível, habitam aqueles que são chamados de Mestres Ascensos. Esses seres de luz são mais do que guias espirituais; eles representam o ápice da evolução humana, almas que, ao longo de muitas vidas e experiências, superaram as limitações da existência terrena, transformando-se em portadores da sabedoria e da compaixão universais. Suas jornadas foram marcadas por lições profundas e por um desejo inabalável de compreender as leis divinas que regem a vida, não apenas no plano físico, mas em todas as esferas do ser. São eles que, ao alcançar o estado de iluminação, escolhem não se desligar da humanidade, mas, em vez disso, se tornam guardiões e auxiliares daqueles que ainda percorrem o caminho do autoconhecimento.

Esses Mestres foram, em tempos passados, homens e mulheres que viveram como qualquer outro ser humano, enfrentando dores, desafios e dúvidas. Em várias eras e civilizações, experimentaram a vida terrena com suas alegrias e sofrimentos, buscando entender a essência da existência. Alguns foram guerreiros, sábios, sacerdotes, curandeiros ou líderes, e cada um trilhou um caminho único de descoberta e transcendência. Em todas as suas vidas, passaram por provações e aprendizagens, e aos poucos, através de cada experiência, foram despertando para a compreensão da unidade entre todos os seres e a harmonia do universo. Ao atingir esse estágio elevado de consciência, realizaram a transição para um nível de existência onde a paz e a compaixão se tornaram suas essências.

O conceito de ascensão é essencial para entender quem são esses Mestres e o que representam. A ascensão é o processo pelo qual uma alma se liberta dos ciclos de nascimento e morte, alcançando um estado de consciência plena e iluminada. Para esses seres, a ascensão não é uma fuga das responsabilidades, mas sim um compromisso profundo com a verdade e o amor universal. Ao alcançar esse estado, eles poderiam permanecer em planos elevados, onde as dificuldades do mundo material não mais os afetariam. Entretanto, seu amor pela humanidade os inspira a permanecer conectados, atuando como pontes entre o divino e o humano. Eles são como faróis que irradiam luz para aqueles que, em busca de respostas e sentido, estão dispostos a trilhar o caminho do autoconhecimento e da evolução espiritual.

Entre esses Mestres, cada um manifesta uma qualidade ou virtude específica, representando aspectos divinos que servem de inspiração para os que aspiram à elevação espiritual. Por exemplo, Saint Germain é frequentemente associado à liberdade espiritual e à transmutação, inspirando aqueles que buscam a superação de velhos padrões e a transformação interior. Kuan Yin, por sua vez, é venerada como a encarnação da compaixão e da misericórdia, uma presença maternal que acolhe as dores e as súplicas dos que sofrem, oferecendo consolo e esperança. El Morya, um dos Mestres mais reverenciados, representa a força e a vontade divina, guiando aqueles que desejam desenvolver coragem e determinação em suas jornadas.

Esses Mestres não são apenas símbolos ou arquétipos; suas presenças são reais e podem ser sentidas por aqueles que abrem seus corações e mentes para o contato espiritual. Embora não estejam fisicamente presentes no mundo terreno, eles se fazem acessíveis através de vibrações sutis, que podem ser captadas em momentos de meditação, oração e introspecção profunda. Suas influências se manifestam de maneira diferente para cada pessoa, dependendo do que cada um precisa aprender ou superar. Para alguns, a presença de um Mestre pode ser sentida como uma intuição que guia as decisões e oferece clareza nos momentos de dúvida. Para outros, pode surgir como um sentimento de paz e segurança, uma força que parece apoiar e sustentar em períodos de desafio e incerteza.

A presença dos Mestres Ascensos não é limitada por barreiras de tempo ou espaço; eles se encontram em um estado de unidade com o todo, onde podem agir e influenciar em várias dimensões simultaneamente. Cada Mestre carrega em si o propósito de ajudar a humanidade a alcançar seu potencial espiritual máximo, auxiliando no despertar de uma consciência mais elevada e harmoniosa. São eles que inspiram ideias de paz e união, que plantam sementes de bondade e compreensão nos corações das pessoas, promovendo, assim, uma transformação silenciosa e gradual que se estende para além do plano individual. É através de suas influências que a humanidade começa a se abrir para uma nova era de espiritualidade, onde valores como o amor, o perdão e a compaixão são finalmente reconhecidos como os alicerces de uma vida verdadeiramente iluminada.

Esses Mestres Ascensos também são conhecidos por estabelecerem linhas de atuação específicas, que atuam em consonância com as necessidades de diferentes grupos de pessoas. Eles possuem uma compreensão profunda das características de cada indivíduo, de cada cultura e das tendências de cada época, ajustando suas mensagens e seus ensinamentos de forma que possam ser compreendidos e aplicados. Ao longo da história, eles inspiraram grandes pensadores, líderes e místicos, que se tornaram instrumentos de sua sabedoria e amor. Não é raro que personalidades como Krishna, Buda e Jesus sejam associadas aos Mestres Ascensos, pois cada um desses seres trouxe consigo um ensinamento essencial que contribuiu para elevar a consciência da humanidade e fortalecer a conexão entre o terreno e o divino.

A missão dos Mestres é clara: despertar a humanidade para a verdadeira natureza da vida e do universo, mostrando que o poder transformador da luz e do amor reside dentro de cada ser. Esse despertar não é algo imposto, mas sim uma escolha individual, que cada pessoa faz em seu próprio ritmo, conforme busca e descobre o propósito de sua existência. Os Mestres Ascensos, sabendo que o aprendizado é um processo gradual e pessoal, oferecem sua orientação de forma sutil, sem interferir diretamente nas escolhas ou no livre-arbítrio. Eles respeitam o tempo de cada um, aguardando pacientemente que cada alma encontre seu próprio caminho de volta à essência divina.

Além de guias espirituais, os Mestres Ascensos também são curadores. Muitos relatos apontam que, em momentos de grande dor ou sofrimento, é possível sentir a presença de um Mestre como uma energia de conforto e de cura. Eles transmitem uma paz profunda e uma sensação de acolhimento, que ajuda a dissipar a ansiedade e o medo, permitindo que a pessoa se conecte com o que há de mais puro em si. Essa cura não é necessariamente física, embora possa manifestar-se de diversas formas; ela atua especialmente no nível emocional e espiritual, trazendo uma sensação de alívio e renovação. A cura proporcionada pelos Mestres é uma cura da alma, que restaura o equilíbrio e permite que cada ser recupere a força para enfrentar suas próprias sombras e encontrar o caminho da luz.

Aqueles que desejam estabelecer uma conexão mais próxima com os Mestres Ascensos podem fazê-lo através de práticas espirituais como a meditação, a oração e o uso de invocações específicas. Cada Mestre possui mantras e decretos que, ao serem recitados, ajudam a elevar a vibração e a sintonizar a mente e o coração com a energia do Mestre. A repetição dessas práticas não é apenas uma questão de fé, mas uma forma de alinhar o próprio ser com as vibrações elevadas dos Mestres, facilitando o contato espiritual e permitindo que sua orientação e sabedoria sejam assimiladas de maneira direta e prática. Esse alinhamento eleva a frequência pessoal, permitindo uma maior abertura para a influência dos Mestres em todos os aspectos da vida cotidiana.

Os Mestres Ascensos também ensinam que cada ser humano possui um potencial divino latente, e que a vida na Terra é uma oportunidade de desenvolvimento e aprendizado. Eles não apenas oferecem ajuda externa, mas também nos lembram que cada um de nós carrega dentro de si a chama divina, que precisa ser cultivada através de ações, pensamentos e intenções elevadas.

Esse processo de autodescoberta e aprimoramento espiritual é fundamental para que cada indivíduo alcance sua própria iluminação e se torne um farol de luz para os outros. É por meio do serviço, da compaixão e do amor que cada pessoa pode transformar-se em um canal de paz, contribuindo para o avanço espiritual da humanidade como um todo.

Os Mestres Ascensos também ressaltam a importância de reconhecer a interconexão entre todos os seres. Eles ensinam que não existe separação verdadeira, pois todos estamos conectados por uma mesma essência divina. Essa compreensão de unidade é um dos pilares dos ensinamentos dos Mestres, que incentivam cada indivíduo a viver em harmonia com o próximo e com a natureza. Para eles, a evolução espiritual de um ser contribui para a elevação do todo, e é por essa razão que o trabalho dos Mestres se estende a todos os que estão dispostos a abrir o coração e a mente para a verdade espiritual. Em sua missão de luz, os Mestres atuam como canais de uma energia transformadora, ajudando cada ser humano a redescobrir sua conexão com o divino e a viver de forma mais consciente e compassiva.

Aqueles que escolhem caminhar ao lado dos Mestres Ascensos encontram um apoio constante, uma presença amorosa que os guia e os fortalece. Eles são como uma família espiritual, que acolhe e cuida de todos os que buscam a verdade e a elevação. Essa presença, embora invisível, é tão real quanto qualquer relacionamento terreno, pois os Mestres atuam de forma direta e impactante na vida daqueles que se abrem para receber sua influência. Esse relacionamento espiritual, que transcende o espaço e o tempo, é um dos maiores presentes que a humanidade pode receber, pois nos lembra que, mesmo nas noites mais escuras, existe uma luz que jamais se apaga e que sempre nos guia de volta ao caminho da paz e do amor.

Em sua missão incansável de ajudar a humanidade, os Mestres Ascensos nos ensinam que cada momento é uma oportunidade de crescimento e aprendizado, e que todos nós, independentemente de onde estamos em nossa jornada, podemos alcançar a mesma luz e sabedoria que eles representam. Esse caminho não é reservado a poucos; ele está aberto a todos que desejam viver de maneira íntegra, buscando o bem para si e para o próximo. Os Mestres nos mostram que a iluminação é possível para todos, e que, ao despertar nosso próprio potencial divino, contribuímos para a construção de um mundo onde a paz e a compreensão sejam as forças que conduzem a vida.

Capítulo 7
Principais Mestres e Suas Contribuições para a Humanidade

Entre os Mestres Ascensos, alguns nomes se destacam devido ao impacto de suas contribuições espirituais e ao simbolismo profundo que carregam. Esses Mestres, como Saint Germain, El Morya, Kuan Yin e tantos outros, são venerados como exemplos de sabedoria e virtude. Suas histórias individuais, permeadas de coragem, compaixão e dedicação, transcendem o tempo, inspirando gerações e guiando os que buscam evolução espiritual. Cada um deles representa uma faceta da consciência divina, manifestando-se de forma particular e atuando como ponte entre a humanidade e os planos superiores.

Saint Germain é um dos mais conhecidos e reverenciados Mestres da Fraternidade Branca. Seu nome evoca a energia da transmutação e da liberdade espiritual. Ele é associado ao Sétimo Raio, que representa a chama violeta, uma energia que simboliza a transformação, o perdão e a liberação de padrões negativos. Saint Germain ensina que, ao invocarmos a chama violeta, podemos purificar emoções e pensamentos densos, transmutando-os em luz e harmonia. Sua mensagem principal é a de que a verdadeira liberdade só pode ser alcançada por meio do autodomínio e do desapego. Saint Germain, em suas encarnações passadas, foi um alquimista, um estudioso dos mistérios ocultos, e sua dedicação ao conhecimento espiritual o tornou um mestre no domínio das energias sutis.

Muitos acreditam que, ao longo dos séculos, Saint Germain esteve presente em várias figuras históricas, assumindo diferentes identidades para ajudar a humanidade em momentos de transformação e mudança. Ele teria sido o místico cristão Roger Bacon, o cientista e astrônomo Francis Bacon e, em outras eras, um conselheiro influente nas cortes europeias, compartilhando sua sabedoria de maneira velada. Essa presença contínua ao longo do tempo reflete o compromisso de Saint Germain com a elevação da humanidade. Em todas as suas manifestações, ele buscou inspirar a liberdade de pensamento, o respeito à verdade e a busca pela sabedoria interior.

El Morya é outro Mestre Ascenso cuja missão é marcada pela força e pela liderança. Ligado ao Primeiro Raio, que representa a Vontade Divina, El Morya inspira aqueles que necessitam de coragem para tomar decisões e trilhar seu caminho com firmeza e integridade. Ele é um guia para aqueles que aspiram ao serviço altruísta e ao compromisso com o bem maior. Sua energia está associada à determinação e ao poder, qualidades essenciais para quem deseja ser um canal da vontade divina na Terra. Durante uma de suas encarnações, acredita-se que El Morya viveu como um príncipe hindu, que renunciou à riqueza e ao poder material para dedicar-se ao serviço espiritual. Essa escolha simboliza a força de vontade que ele inspira nos outros: a habilidade de colocar a alma acima dos interesses do ego.

El Morya é frequentemente descrito como um líder de temperamento firme e determinação inflexível. Sua presença é imponente, e ele orienta aqueles que buscam o autodomínio e a disciplina interior. No entanto, sua força não é autoritária; ao contrário, é a expressão da mais pura vontade divina, que se coloca a serviço do todo, sem vaidade ou busca de poder pessoal. El Morya ensina que o verdadeiro poder reside na capacidade de servir e proteger. Ele instrui seus seguidores a cultivarem a coragem interior, a perseverarem diante dos desafios e a sempre buscarem o alinhamento com a vontade divina, que é a força que conduz a vida em sua plenitude.

Kuan Yin é a expressão viva da compaixão e do amor incondicional. Conhecida como a deusa da misericórdia no Oriente, Kuan Yin é venerada por milhões de devotos que buscam seu conforto e proteção. Ela representa o princípio feminino da bondade e do cuidado, oferecendo seu amor e sua empatia a todos os seres, especialmente aos que sofrem e que se encontram perdidos. Sua imagem, comumente associada à serenidade e ao acolhimento, reflete a paz que ela transmite aos que invocam sua presença. Kuan Yin ensina que a compaixão é uma força transformadora, capaz de curar as feridas mais profundas e de suavizar as dores da alma. Sua mensagem é um convite à empatia e ao perdão, qualidades que nos aproximam da essência divina.

Na tradição budista, Kuan Yin é conhecida como Avalokiteshvara, o bodhisattva da compaixão infinita, e sua missão é ouvir o clamor de todos os seres e oferecer-lhes alívio e orientação. Sua escolha de permanecer acessível àqueles que sofrem é um testemunho de sua compaixão sem limites. Ela renunciou ao estado de iluminação final para continuar ajudando a humanidade, e essa decisão simboliza o mais puro altruísmo. Kuan Yin inspira seus seguidores a praticarem a bondade em suas vidas diárias, a perdoarem e a serem pacientes, entendendo que a verdadeira força está em compreender e respeitar o próximo.

Outro Mestre cuja presença tem sido profundamente influente é Serapis Bey, o guardião do Quarto Raio, que representa a pureza e a ascensão. Serapis Bey é conhecido como o Mestre da disciplina e da busca pela perfeição. Ele guia aqueles que desejam purificar sua consciência e elevar-se acima das limitações do ego, promovendo o autoconhecimento e a busca pela verdade interior. Esse Mestre encoraja uma prática espiritual rigorosa, focada na integridade e na pureza dos pensamentos e das ações. Sua energia é direta e desafiadora, motivando os que o seguem a disciplinarem-se e a libertarem-se das ilusões materiais para que possam alcançar a ascensão.

Serapis Bey é descrito como um instrutor exigente, que acredita na força do compromisso e da dedicação. Durante uma de suas encarnações, ele teria sido um alto sacerdote no antigo Egito, onde dedicou-se aos rituais e aos mistérios que buscavam a transcendência espiritual. Em suas orientações, Serapis Bey enfatiza a importância de purificar o corpo, a mente e o espírito, e de alinhar cada ação com os princípios mais elevados. Sua mensagem é uma de autossuperação e disciplina, lembrando que a busca pela verdade exige perseverança e coragem. Aqueles que se conectam com Serapis Bey encontram um mestre que desafia, mas que também apoia incondicionalmente aqueles que estão dispostos a trilhar o caminho da pureza e da elevação.

Hilarion, o guardião do Quinto Raio, representa o conhecimento e a ciência espiritual. Ele é o Mestre da cura e do entendimento profundo, guiando aqueles que buscam respostas no campo do conhecimento e da verdade. Hilarion inspira os que se dedicam à cura, tanto física quanto espiritual, e é conhecido por trazer uma compreensão científica para o espiritual, unindo razão e fé. Em uma de suas encarnações, acredita-se que Hilarion tenha sido São Paulo, cuja missão foi espalhar a sabedoria e promover a cura por meio do entendimento e da conexão com o divino. Ele ensina que a verdadeira cura ocorre quando se alinha o corpo, a mente e o espírito com a verdade e o amor universal.

Hilarion trabalha especialmente com aqueles que possuem uma natureza investigativa, como cientistas, médicos e filósofos, inspirando-os a encontrar respostas que promovam o bem-estar e a compreensão. Ele ensina que a ciência e a espiritualidade não são opostas, mas sim complementares, e que, quando integradas, podem revelar as verdades mais profundas da existência. Seus ensinamentos promovem o equilíbrio entre a mente racional e a intuição, incentivando os buscadores a expandirem seus horizontes e a explorarem a vastidão do conhecimento. Para ele, o entendimento espiritual é um processo de descoberta contínua, uma busca incansável pela luz que ilumina a alma.

Lady Nada é outra Mestra Ascensa cuja presença é envolvente e acolhedora. Guardiã do Sexto Raio, que representa a devoção e o serviço, Lady Nada inspira aqueles que sentem o chamado para ajudar e servir ao próximo. Ela ensina que o verdadeiro serviço não é uma obrigação, mas uma expressão do amor divino que existe dentro de cada um de nós. Em suas vidas passadas, Lady Nada dedicou-se ao cuidado dos outros, especialmente daqueles que eram marginalizados e esquecidos.

Sua energia é suave e compassiva, e aqueles que se conectam com ela encontram um exemplo de como viver em serviço e dedicação, buscando sempre o bem do outro e o fortalecimento da harmonia coletiva.

Lady Nada encoraja o desenvolvimento da empatia e da compreensão, lembrando que, através do serviço, nos tornamos mais próximos de nossa própria essência divina. Sua mensagem é uma de devoção incondicional, e aqueles que se sentem atraídos por sua energia encontram nela uma guia que os ajuda a encontrar propósito na generosidade e no cuidado com o próximo. Lady Nada simboliza o amor em ação, e seu exemplo inspira todos a buscarem uma vida de significado através do serviço e da devoção, promovendo a paz e a harmonia em suas vidas e nas vidas daqueles ao seu redor.

Esses Mestres e suas contribuições refletem a diversidade das lições e das virtudes que compõem a jornada espiritual. Cada um deles, com sua energia única e suas qualidades distintas, representa um caminho que conduz à luz. A Fraternidade Branca, através de seus Mestres, oferece à humanidade uma fonte inesgotável de inspiração e sabedoria, uma lembrança constante de que o divino está sempre ao alcance de quem se abre para ouvir e aprender. Ao nos conectarmos com esses Mestres, encontramos não apenas orientação, mas também a certeza de que a jornada espiritual é compartilhada, e que, em cada etapa, somos acompanhados e fortalecidos por aqueles que já trilharam o mesmo caminho.

Os ensinamentos e as contribuições desses Mestres permanecem vivos e acessíveis, prontos para guiar aqueles que buscam a verdade e o autoconhecimento. Cada um dos Mestres Ascensos oferece uma perspectiva, uma prática ou uma qualidade que, quando assimilada, eleva a alma e nos aproxima de nossa própria natureza divina. Ao conhecer e honrar esses seres de luz, tornamo-nos receptores de sua sabedoria e de seu amor, e descobrimos que a paz, a compaixão e a liberdade espiritual são realidades alcançáveis para todos aqueles que se dispõem a abrir o coração e a trilhar o caminho da iluminação.

Capítulo 8
O Conselho Cármico e Sua Função de Equilíbrio

Oculto nas esferas mais elevadas, o Conselho Cármico é uma das instâncias mais importantes da hierarquia espiritual. Formado por seres de luz que, assim como os Mestres Ascensos, alcançaram um estado de profunda sabedoria e compreensão, o Conselho Cármico é responsável pela supervisão das leis de causa e efeito que regem as vidas humanas. A atuação do Conselho é discreta, e suas decisões influenciam cada ser humano de forma sutil, mantendo o equilíbrio e a harmonia do universo por meio do cumprimento das leis divinas. A compreensão e o respeito por essas leis, conhecidas como leis cármicas, são fundamentais para que a humanidade possa viver em equilíbrio, compreendendo que cada ação gera consequências que retornam a seu ponto de origem como lições e oportunidades de evolução.

A origem do Conselho Cármico se perde nas brumas do tempo. Acredita-se que ele exista desde os primeiros movimentos da alma humana em direção à experiência material, quando a consciência começou a se manifestar na dualidade e a interagir com as leis do universo. O Conselho é composto por seres que transcenderam o ciclo de nascimento e morte e que se dedicam a orientar as almas em seu aprendizado. Esses seres, às vezes chamados de Senhores do Carma, são justos e compassivos, e seu trabalho é assegurar que o aprendizado e a evolução ocorram de maneira harmoniosa, sempre respeitando o livre-arbítrio e o ritmo de cada alma.

A função do Conselho Cármico é, em essência, de equilíbrio. Os membros do Conselho compreendem que toda ação, seja ela positiva ou negativa, gera uma reação correspondente que precisa ser vivenciada e compreendida. Eles supervisionam o processo pelo qual cada alma experimenta as consequências de suas escolhas, ajudando-a a aprender com seus erros e a refinar sua compreensão das leis universais. Esse equilíbrio é fundamental para que a evolução ocorra de maneira justa, garantindo que cada ser possa colher exatamente o que plantou, mas sempre de uma forma que lhe permita corrigir seus erros e avançar. A justiça cármica, portanto, não é punitiva; é educativa, promovendo a reflexão e o aprimoramento da alma.

O Conselho Cármico atua em ciclos, reunindo-se em momentos específicos para revisar o progresso de cada alma e para definir as lições e experiências necessárias para seu próximo ciclo de vida. Esses encontros ocorrem nos chamados "Conclaves Cármicos", que acontecem duas vezes ao ano, nos solstícios de inverno e de verão. Durante esses períodos, cada alma, acompanhada por seus guias espirituais e por seus mentores, apresenta-se diante do Conselho. Os registros de todas as ações, pensamentos e intenções são examinados, e, com base nisso, o Conselho determina quais experiências serão necessárias para o próximo ciclo evolutivo de cada ser.

Essas revisões cármicas são realizadas com extrema compaixão e sabedoria. Os membros do Conselho Cármico são seres cuja visão espiritual ultrapassa qualquer julgamento humano; eles são capazes de ver o propósito mais elevado por trás de cada experiência e compreendem a dor e os desafios da vida humana. Dessa forma, suas decisões são sempre guiadas pelo desejo de promover o aprendizado e a cura, ajudando cada alma a compreender suas lições sem gerar novas dívidas cármicas. Eles consideram o contexto, as intenções e as limitações de cada ser ao longo de sua jornada, oferecendo sempre a oportunidade de regeneração e de reconciliação.

O Conselho Cármico também desempenha um papel importante na orientação daqueles que buscam a compreensão de seu próprio carma. Para aqueles que sentem o chamado para evoluir e se harmonizar com as leis divinas, o Conselho atua como uma presença orientadora, facilitando o despertar da consciência e o reconhecimento das próprias lições de vida. Muitos encontram-se em situações de sofrimento e desorientação, e, em momentos de oração e meditação, podem estabelecer um contato com os membros do Conselho Cármico, que os guiam através de intuições, sonhos e sinais, ajudando-os a enxergar as causas mais profundas de suas dificuldades e a transformar seu comportamento e seus pensamentos.

Entre os membros do Conselho, alguns nomes são frequentemente mencionados devido ao papel específico que desempenham. A Deusa da Liberdade, por exemplo, é uma das figuras mais veneradas do Conselho. Ela representa o princípio da liberdade espiritual, lembrando que toda alma é intrinsecamente livre e que sua jornada é uma escolha. Ela promove o desapego e ensina que a verdadeira liberdade está em aprender a viver sem gerar novas amarras cármicas. Sua presença inspira aqueles que buscam se libertar de padrões limitantes, ajudando-os a encontrar a coragem para viver de acordo com seus valores mais elevados, sem medo das consequências, mas com responsabilidade por seus próprios atos.

Outro membro de destaque é Kuan Yin, a Deusa da Compaixão, cuja missão no Conselho Cármico é garantir que a justiça seja sempre equilibrada pela misericórdia. Kuan Yin compreende as dores humanas e é conhecida por sua paciência infinita. Ela atua para suavizar as consequências das ações negativas, quando possível, promovendo a compreensão e o perdão. Sua presença no Conselho é uma lembrança de que todos têm a chance de corrigir seus erros, e de que o amor e a bondade são sempre caminhos possíveis para a transformação. Aqueles que invocam Kuan Yin em suas orações encontram consolo e um incentivo para perdoarem a si mesmos e aos outros, compreendendo que o caminho da compaixão é uma das formas mais elevadas de aprendizado espiritual.

Pórtia, conhecida como a Deusa da Justiça, é outra figura central no Conselho Cármico. Ela atua para garantir que cada decisão seja justa e equilibrada, sem pender para o excesso de severidade nem para a indulgência. Pórtia trabalha para que o equilíbrio cármico seja mantido de forma imparcial, lembrando que a verdadeira justiça não é fria nem distante, mas sim uma força que promove o crescimento e a harmonia. Sua presença assegura que todos os aspectos de cada experiência sejam considerados e que nenhuma alma seja sobrecarregada além de sua capacidade. Aqueles que buscam justiça em situações difíceis podem invocá-la, encontrando nela uma força de apoio e de proteção para enfrentar os desafios com clareza e discernimento.

O Mestre Kuthumi é outro membro do Conselho Cármico que atua diretamente na educação espiritual da humanidade. Ele representa a sabedoria e o conhecimento, ensinando que o carma é uma lei de aprendizado e que cada experiência é uma oportunidade de crescimento. Kuthumi encoraja todos a buscarem a compreensão das leis universais e a viverem de acordo com elas. Ele inspira aqueles que desejam se aprofundar na espiritualidade e na filosofia, guiando-os a uma vida de integridade e consciência. Kuthumi lembra que o aprendizado contínuo é o caminho para a elevação e que cada momento de reflexão e estudo contribui para a liberação do carma.

Além de sua função individual, o Conselho Cármico trabalha de forma coletiva, estabelecendo diretrizes para o bem-estar da humanidade como um todo. Em momentos de crise global ou de grandes transformações, eles revisam as direções que a humanidade está tomando, promovendo ajustes sutis para minimizar o sofrimento e incentivar o progresso espiritual. Essas intervenções são realizadas com extrema sabedoria, respeitando sempre o livre-arbítrio coletivo e individual. O Conselho age como um guia compassivo, sempre pronto a inspirar líderes e agentes de mudança, encorajando-os a tomar decisões que beneficiem o bem comum e que estejam alinhadas com as leis divinas.

Para aqueles que desejam trabalhar conscientemente com o Conselho Cármico, existem práticas específicas que facilitam o alinhamento com essa energia. A meditação sobre as leis de causa e efeito, a introspecção sobre as ações e a prática do perdão são formas de limpar dívidas cármicas e de preparar a alma para experiências mais harmoniosas. Pedir diretamente ao Conselho que revele as lições e os aspectos que precisam ser transformados é uma prática que traz clareza, permitindo que cada um compreenda melhor as consequências de suas escolhas e encontre o caminho para a paz interior.

O Conselho Cármico nos lembra que o carma não é uma sentença, mas um processo de aprendizagem contínua. Cada situação vivida é uma chance de evolução, uma oportunidade para praticar virtudes como a paciência, o amor e o discernimento. As dificuldades e os desafios não são punições, mas instrumentos que refletem aquilo que a alma ainda precisa transformar para se libertar das ilusões e encontrar a verdadeira felicidade. Assim, o Conselho Cármico age como um espelho da própria alma, refletindo o que precisa ser aprendido e corrigido para que cada ser possa crescer em direção à luz.

A presença do Conselho Cármico na vida humana é uma bênção, pois, ao compreender as lições que as leis do universo trazem, podemos nos alinhar com uma vida de harmonia e propósito. Esse entendimento proporciona uma nova perspectiva sobre as experiências da vida, mostrando que cada evento, por mais difícil que possa parecer, carrega em si uma sabedoria oculta. Quando abrimos nossos corações para compreender e aceitar o carma, nos tornamos cocriadores de nossa própria realidade, capazes de escolher caminhos que promovam a paz e a evolução.

O Conselho Cármico, portanto, não é um tribunal punitivo, mas sim uma assembleia de almas elevadas cuja única missão é ajudar a humanidade a encontrar o caminho de volta ao equilíbrio e à harmonia. Seus membros atuam como guardiões da evolução e como mentores espirituais, assegurando que cada ser tenha a chance de aprender, de crescer e de se transformar. Essa função de equilíbrio é uma das forças que mantém o universo em harmonia, e, ao compreender e respeitar as leis cármicas, cada um de nós pode contribuir para a criação de uma realidade onde o amor e a justiça sejam as forças que governam a vida.

Capítulo 9
Linhagens Espirituais e a Hierarquia da Fraternidade

Desde tempos imemoriais, o mundo espiritual é descrito como um reino vasto e estruturado, habitado por seres de diferentes graus de sabedoria e evolução. Na Grande Fraternidade Branca, a organização desses seres segue uma hierarquia espiritual, uma ordem sagrada e divina que reflete as diferentes linhagens e funções de cada Mestre e entidade. Essa hierarquia não é um sistema rígido de poder, mas uma manifestação do fluxo natural da sabedoria e do amor divino, que se expressa de acordo com o propósito e a missão de cada ser. Esses Mestres e guias trabalham juntos para sustentar o desenvolvimento espiritual da humanidade, oferecendo orientação, proteção e ensinamentos àqueles que buscam a verdade e a elevação.

As linhagens espirituais que compõem a Fraternidade Branca representam os diversos aspectos do divino, cada uma refletindo uma qualidade ou virtude que se manifesta como um raio de luz específico. Esses raios são conhecidos como os Sete Raios da Criação, cada um irradiando uma energia particular que atua no mundo espiritual e no plano material. Cada Mestre é afinado a um desses raios, e sua missão está ligada à manifestação das qualidades que ele representa. Os Sete Raios, portanto, não são apenas energias abstratas; são correntes vivas de amor e sabedoria que sustentam a criação e a evolução, atuando em cada alma de maneira única e profunda.

O Primeiro Raio é o raio da Vontade Divina, e sua cor característica é o azul. Essa energia representa o poder, a liderança e a iniciativa, qualidades essenciais para a manifestação da vontade divina na Terra. Os Mestres que atuam no Primeiro Raio trabalham para fortalecer a coragem e a determinação daqueles que buscam seguir o caminho espiritual com integridade e comprometimento. El Morya é o Mestre associado a esse raio, e ele atua como um guia para os líderes, inspirando-os a servirem ao bem maior. Seu papel na hierarquia espiritual é orientar todos que precisam desenvolver a força interior e o compromisso com o propósito mais elevado.

O Segundo Raio, conhecido como o Raio do Amor-Sabedoria, irradia a energia da compaixão e do entendimento, sendo representado pela cor dourada. Esse raio é a essência da empatia e da sabedoria, e os Mestres que pertencem a essa linhagem trabalham para despertar o amor universal em todos os seres. Mestre Kuthumi e Mestre Lanto são figuras importantes nessa linhagem, e ambos atuam para guiar os buscadores na jornada de autoconhecimento e na compreensão da unidade de todas as coisas. Eles ensinam que a verdadeira sabedoria vem do coração e que, ao amar e compreender o próximo, conectamo-nos ao divino que habita em cada um de nós.

O Terceiro Raio é o Raio da Inteligência Ativa, caracterizado pela cor rosa. Essa energia está associada à criatividade, à adaptabilidade e à expressão do amor de maneira prática e concreta. O Mestre Paulo Veneziano é o guardião desse raio, e ele auxilia os que buscam desenvolver a inteligência emocional e a criatividade em suas vidas. A atuação do Terceiro Raio é fundamental para aqueles que desejam integrar a espiritualidade com o mundo material, manifestando o amor divino através de ações concretas e positivas. Esse raio incentiva cada indivíduo a utilizar seus talentos e habilidades para servir ao todo, promovendo a beleza e a harmonia.

O Quarto Raio, o Raio da Harmonia e Pureza, é representado pela cor branca e simboliza a busca pelo equilíbrio e pela perfeição. Esse raio inspira aqueles que estão em busca de transformação e de elevação espiritual, e o Mestre Serapis Bey é o guardião dessa energia. Serapis Bey ensina que a pureza e a disciplina são caminhos para a ascensão, e ele guia aqueles que desejam purificar suas vidas e alinhá-las com os princípios divinos. A atuação do Quarto Raio é poderosa para quem busca superar desafios pessoais e transcender as limitações do ego, promovendo a elevação espiritual e o refinamento interior.

    O Quinto Raio é o Raio da Ciência e do Conhecimento, e sua cor é o verde. Essa energia está ligada ao entendimento profundo das leis da natureza e à busca pela verdade. Mestre Hilarion é o guardião desse raio, e ele trabalha para harmonizar a ciência e a espiritualidade, mostrando que o verdadeiro conhecimento é aquele que une razão e intuição. O Quinto Raio é essencial para aqueles que buscam a cura, seja física, mental ou espiritual, e Hilarion inspira os que estão no campo da medicina, da pesquisa e das ciências a utilizarem seu conhecimento para promover o bem-estar e o avanço da humanidade.

    O Sexto Raio, conhecido como o Raio da Devoção e Idealismo, manifesta-se na cor rubi. Ele representa o fervor, a fé e a devoção ao serviço divino. Lady Nada é a guardiã desse raio, e sua missão é ensinar a importância do amor altruísta e do serviço abnegado. Ela inspira aqueles que desejam dedicar-se ao bem-estar do próximo, ajudando-os a cultivar a compaixão e o desejo sincero de auxiliar o outro. Esse raio é especialmente influente para aqueles que sentem o chamado para a vida de serviço, incentivando-os a atuar de maneira altruísta e a cultivar o amor desinteressado.

    Por fim, o Sétimo Raio, o Raio da Ordem Cerimonial, é caracterizado pela cor violeta. Ele é o raio da transmutação, da libertação e da alquimia espiritual. O guardião desse raio é o Mestre Saint Germain, que ensina o poder da chama violeta para transformar energias densas e liberar as almas de antigas limitações cármicas. Esse raio é particularmente importante para aqueles que buscam a transformação e o renascimento, promovendo a libertação de padrões negativos e a elevação da consciência. Saint Germain, com sua profunda compreensão das energias de transmutação, orienta aqueles que querem encontrar a liberdade espiritual e realizar seu potencial máximo.

Essas linhagens e seus respectivos raios não atuam de forma isolada; eles se complementam e interagem, formando uma rede complexa de energias e virtudes que influenciam cada aspecto da criação. A hierarquia da Fraternidade Branca é composta por Mestres que trabalham em harmonia, integrando as qualidades de seus raios para manifestar o plano divino na Terra. Cada Mestre contribui com sua energia única, colaborando para o despertar da humanidade e para a construção de uma realidade onde o amor, a sabedoria e a paz prevaleçam. Essa cooperação entre os Mestres é um exemplo do que significa viver em unidade, respeitando as diferenças e valorizando as virtudes de cada ser.

Além dos Sete Raios, existem também linhagens que transcendem essa divisão, como a dos Mestres que atuam especificamente no Conselho Cármico, ajudando a equilibrar as experiências de vida dos seres humanos conforme suas escolhas e aprendizados. Cada Mestre, independentemente de sua linhagem, está comprometido com o propósito de iluminar a humanidade, promovendo o autoconhecimento e a conexão com o divino. A hierarquia da Fraternidade Branca é, portanto, uma estrutura fluida e dinâmica, onde cada ser trabalha de acordo com sua afinidade espiritual e com as necessidades do momento.

O papel dos Mestres na hierarquia espiritual vai além de uma simples função administrativa; eles são guardiões de uma sabedoria que se renova constantemente. Cada um desses seres conhece a fundo os mistérios do universo e compreende as necessidades de cada alma em sua jornada evolutiva. Sua atuação é compassiva e paciente, respeitando o livre-arbítrio e oferecendo ajuda a todos que desejam crescer. Esses Mestres não exigem devoção cega nem prometem soluções fáceis; eles apresentam caminhos, orientam e inspiram, permitindo que cada pessoa encontre sua própria verdade e siga o percurso que melhor se alinha com seu coração.

A hierarquia da Fraternidade Branca é, portanto, um reflexo do próprio universo, onde tudo está interligado e onde cada energia contribui para o todo. Ela nos lembra que, em nossa própria jornada, podemos acessar essas diferentes qualidades espirituais e desenvolver em nós as virtudes que cada raio representa. Ao conectar-se com esses Mestres, cada indivíduo tem a oportunidade de despertar o amor, a sabedoria, a coragem, a pureza e a compaixão, integrando essas qualidades em sua vida e irradiando-as para o mundo. A hierarquia da Fraternidade Branca é um convite para que todos descubram e manifestem seu próprio potencial divino, vivendo em harmonia com o universo.

Através dessa estrutura espiritual, a humanidade recebe um apoio constante, uma rede de luz e amor que está sempre presente, guiando e sustentando todos que buscam o crescimento e a paz interior. Essa hierarquia espiritual é, em última análise, um reflexo da ordem cósmica, onde cada ser, em sua função e natureza únicas, contribui para o equilíbrio e a beleza da criação. Os Mestres Ascensos e suas linhagens são a expressão viva do amor divino, uma presença compassiva que ilumina o caminho e fortalece a alma em sua busca pela unidade com o Todo.

Capítulo 10
Introdução aos Sete Raios e Seus Significados Espirituais

Nas profundezas da espiritualidade e da consciência, há uma corrente vibrante de energias, um conjunto de forças sutis conhecidas como os Sete Raios. Esses raios, considerados emanações da luz divina, representam aspectos distintos e complementares do Criador e da própria alma humana. Cada raio carrega uma qualidade específica que, quando integrada, revela uma faceta da consciência universal. A introdução aos Sete Raios é, portanto, um convite para entender como essas energias agem dentro e fora de nós, influenciando desde o comportamento individual até as grandes dinâmicas coletivas da humanidade.

Os Sete Raios não são apenas formas abstratas de energia. Eles constituem o fundamento espiritual do universo, permeando todos os níveis de existência e tocando cada ser de maneira única. Por meio dos raios, o divino manifesta-se em múltiplas expressões, permitindo que a criação seja simultaneamente una e diversa. Cada raio irradia uma cor e vibração específica, que influencia os aspectos emocionais, mentais e espirituais de cada ser, conectando-o a qualidades essenciais como amor, sabedoria, poder, harmonia, ciência, devoção e transmutação. Estes raios são um reflexo da harmonia cósmica, e ao compreendê-los, a humanidade é capaz de sintonizar-se com as forças que sustentam o universo e alinhar-se com seu propósito espiritual.

O Primeiro Raio é o da Vontade Divina, uma energia marcada pelo poder e pela determinação. Representado pela cor azul, este raio é o alicerce da liderança, da coragem e da iniciativa. Aqueles que estão sob a influência desse raio desenvolvem um forte senso de propósito, comprometendo-se com a manifestação do plano divino na Terra. O Mestre El Morya é o guardião desse raio, e ele inspira os buscadores a cultivarem a força interior e a determinação necessárias para superar desafios e manifestarem sua missão de vida com integridade. O Primeiro Raio lembra a todos que a verdadeira liderança é aquela que serve ao bem maior, promovendo a ordem e o alinhamento com a vontade do Criador.

O Segundo Raio, o Raio do Amor-Sabedoria, é caracterizado pela cor dourada e representa o coração compassivo e a mente esclarecida. Essa energia ensina que o conhecimento, para ser pleno, deve estar impregnado de amor e empatia. O Mestre Kuthumi, um dos principais guardiões desse raio, auxilia aqueles que desejam desenvolver a sabedoria interior e o entendimento profundo das leis que regem a vida. Sob a influência desse raio, o indivíduo é levado a compreender a unidade de toda a criação e a cultivar uma compaixão universal. O Segundo Raio lembra que a verdadeira sabedoria não é apenas intelectual, mas emocional e espiritual, e que amar é conhecer a essência divina que habita em tudo.

O Terceiro Raio, o Raio da Inteligência Ativa, resplandece na cor rosa e é a energia da criatividade, da adaptabilidade e da expressão amorosa na vida cotidiana. Ele é um convite para que o ser humano manifeste o amor de forma prática e tangível, utilizando suas habilidades para construir e transformar o mundo ao seu redor. O Mestre Paulo Veneziano é o guardião desse raio, e ele inspira a expressão da beleza e da harmonia através das ações diárias. Aqueles que trabalham com o Terceiro Raio aprendem a unir o amor com a inteligência, criando soluções inovadoras e promovendo a cura e a integração entre o espiritual e o material.

O Quarto Raio, o Raio da Harmonia e da Pureza, manifesta-se na cor branca e reflete a busca pela perfeição e pela verdade interior. Esse raio é o caminho para aqueles que desejam transformar-se e elevar-se, purificando suas energias e alinhando-se com os ideais espirituais mais elevados. Serapis Bey é o Mestre que guarda esse raio, e ele inspira aqueles que estão prontos para enfrentar as sombras internas e emergir com uma nova clareza e equilíbrio. O Quarto Raio é a jornada do renascimento espiritual, onde o ser humano é chamado a liberar suas impurezas e a alcançar um estado de paz e de harmonia profundas.

O Quinto Raio é o da Ciência e do Conhecimento, irradiando a cor verde, e é a energia do entendimento racional e da busca pela verdade. Ele representa a aliança entre a ciência e a espiritualidade, promovendo a cura, a pesquisa e o avanço no campo do conhecimento. O Mestre Hilarion é o guardião desse raio, e ele orienta aqueles que buscam respostas nas leis naturais e que desejam aplicar o conhecimento para o bem-estar da humanidade. O Quinto Raio ensina que a verdade é a ponte entre o visível e o invisível, entre o físico e o espiritual, e que o verdadeiro entendimento só é alcançado quando a mente e o coração estão em sintonia.

O Sexto Raio, o Raio da Devoção e do Idealismo, é representado pela cor rubi e simboliza a fé, a entrega e o serviço abnegado. Essa energia é um chamado para aqueles que se dedicam a servir ao próximo e que veem a vida como uma oportunidade de expressar o amor divino. Lady Nada é a Mestra que guarda esse raio, e ela ensina a importância do serviço altruísta, da paciência e da compaixão. O Sexto Raio nos lembra que o idealismo e a devoção são forças poderosas, capazes de transformar o mundo e de despertar a espiritualidade nas outras pessoas. Sob a influência desse raio, o ser humano aprende a viver para além de si mesmo, dedicando-se ao bem-estar coletivo.

Por fim, o Sétimo Raio, o Raio da Ordem Cerimonial e da Transmutação, é caracterizado pela cor violeta e representa a alquimia espiritual e a capacidade de transformação. Saint Germain é o guardião desse raio, e ele ensina o poder da chama violeta para transmutar as energias negativas e promover a libertação das limitações cármicas. O Sétimo Raio é um convite para que cada ser humano desperte seu poder interior de renovação, utilizando a energia transmutadora para liberar-se dos padrões antigos e abrir-se para novas possibilidades. Através

desse raio, o ser humano é lembrado de que a transformação é um processo constante, e que, ao elevar suas vibrações, ele se torna um agente de cura e de mudança positiva no mundo.
    Esses Sete Raios formam uma matriz de qualidades divinas que, em diferentes combinações, moldam a essência e a jornada de cada alma. Cada pessoa possui uma afinidade natural com um ou mais desses raios, que influenciam suas características, suas escolhas e seu propósito de vida. Através do entendimento dos raios, o indivíduo pode compreender melhor seus próprios desafios e talentos, reconhecendo as energias que necessita desenvolver para alcançar seu pleno potencial. Os raios não são forças externas, mas sim aspectos da própria consciência divina que ressoam em cada ser, guiando-o no caminho da evolução.
    A integração dos Sete Raios é um processo de autotransformação que permite ao ser humano viver em alinhamento com seu propósito espiritual. Ao cultivar cada um desses aspectos, a alma torna-se mais plena e equilibrada, manifestando as virtudes divinas em sua vida diária. Esse processo é gradual e exige dedicação, mas aqueles que se comprometem com o despertar das qualidades dos raios em si mesmos descobrem uma fonte inesgotável de força, paz e realização. Os raios, portanto, não são apenas energias cósmicas; eles são chaves para a realização espiritual e para a conexão com o propósito mais elevado.
    Práticas como a meditação, a invocação e a visualização são ferramentas poderosas para trabalhar com as energias dos Sete Raios. Cada raio pode ser invocado de maneira específica, utilizando-se sua cor e sua vibração para atrair as qualidades que ele representa. Aqueles que sentem afinidade com um raio particular podem conectar-se com o Mestre que o guarda, pedindo orientação e apoio para desenvolver as virtudes associadas. Essas práticas são um caminho para a transformação pessoal, e ao invocar as energias dos raios, o ser humano eleva suas vibrações e sintoniza-se com o plano divino, aproximando-se cada vez mais de sua verdadeira essência.

Os Sete Raios, ao longo das eras, foram conhecidos e reverenciados em diferentes tradições espirituais. Em várias culturas, eles aparecem como arquétipos, como forças da natureza ou como deuses e deusas que representam aspectos fundamentais da vida e da criação. Essa sabedoria ancestral, que atravessa civilizações e religiões, é um testemunho do poder transformador dos raios, e do seu papel na formação do universo e na evolução da alma. Os Sete Raios são a expressão do amor e da sabedoria divinos, e ao compreendê-los, o ser humano abre-se para uma visão mais ampla e profunda da vida e de seu próprio papel no grande plano da criação.

A introdução aos Sete Raios é, assim, um convite à descoberta e à prática. Não basta compreender os raios intelectualmente; é necessário vivenciá-los e integrá-los. Ao abrir-se para essas energias e trabalhar com elas, cada pessoa pode transformar suas atitudes, seus relacionamentos e sua percepção da realidade. Os raios oferecem um mapa para o autoconhecimento e a realização espiritual, lembrando-nos de que a evolução é um processo dinâmico e contínuo. À medida que cultivamos as virtudes dos raios, tornamo-nos co-criadores com o divino, manifestando no mundo as qualidades que refletem nossa própria essência.

Dessa forma, os Sete Raios são um presente que a Fraternidade Branca oferece à humanidade, um caminho que guia cada ser de volta ao seu centro, ao seu propósito mais elevado. Eles são o fio condutor que nos conecta ao cosmos e que nos recorda que todos somos parte de um mesmo todo, cada um com uma missão única e um papel essencial na grande tapeçaria da vida. Ao embarcarmos na jornada de compreensão e prática dos raios, descobrimos a força e a paz que residem em nosso interior, e percebemos que, assim como cada raio tem seu próprio brilho, também cada alma tem sua própria luz, pronta para irradiar seu esplendor e contribuir para o equilíbrio e a harmonia do universo.

Capítulo 11
Ritual de Conexão com o Primeiro Raio: Vontade Divina

O Primeiro Raio, também chamado de Raio Azul, é a expressão pura da Vontade Divina. Ele traz consigo a força da liderança e da determinação, energias fundamentais para quem busca cumprir seu propósito de vida com clareza e coragem. Conectar-se com o Primeiro Raio é como ativar uma chama interior de poder e de compromisso, despertando a capacidade de enfrentar desafios e de tomar decisões alinhadas com o bem maior. Essa energia, representada pela cor azul, é ideal para aqueles que desejam consolidar a firmeza de caráter e a força de vontade, qualidades essenciais para a realização de metas espirituais e materiais.

O Mestre El Morya é o guardião do Primeiro Raio. Ele é conhecido por sua sabedoria implacável e sua capacidade de manter o foco inabalável nos objetivos divinos, sem se deixar desviar por distrações ou interferências. Em sua jornada de desenvolvimento espiritual, El Morya passou por provas intensas que lhe permitiram superar as limitações do ego e integrar-se totalmente com a Vontade Superior. Ele orienta aqueles que, movidos pela busca da verdade e pela vontade de servir, estão prontos para manifestar o propósito maior de suas almas. Conectar-se com o Primeiro Raio é, portanto, uma jornada de autodescoberta e de fortificação da alma.

O ritual de conexão com o Primeiro Raio pode ser realizado como uma prática diária para fortalecer a determinação e a clareza de propósito, ou pode ser invocado em momentos de indecisão e dúvida, quando a confiança interna precisa ser renovada. Ao trabalhar com o Primeiro Raio, o praticante está convidando a força da Vontade Divina a preencher sua mente e seu coração, permitindo que sua própria vontade se alinhe com os desígnios superiores. Esse ritual não exige uma preparação complexa, mas demanda uma disposição sincera para abrir-se à transformação e uma intenção de atuar sempre em prol do bem coletivo.

Para realizar o ritual, é recomendável encontrar um espaço calmo onde não haja interrupções. Se possível, o praticante deve vestir uma peça de roupa azul ou dispor uma vela azul diante de si. A cor azul, sendo a cor do Primeiro Raio, ajuda a criar uma atmosfera propícia para sintonizar-se com as energias do raio. A prática começa com uma breve meditação, onde o praticante acalma a respiração, permitindo que a mente se aquiete e que o corpo relaxe completamente. Esse momento inicial é importante para criar o estado de receptividade necessário para que a energia do raio seja integrada com mais intensidade.

Após alguns minutos de respiração profunda e consciente, o praticante deve visualizar uma poderosa chama azul, irradiando-se do centro de seu peito e expandindo-se ao seu redor. Essa chama azul representa a Vontade Divina, e à medida que o praticante foca nela, ele deve permitir que sua intenção de alinhar-se com essa força se fortaleça. A visualização da chama azul é uma maneira de despertar internamente a força e a determinação, deixando que essas qualidades ocupem cada célula, cada pensamento e cada emoção. A chama azul deve ser visualizada como algo pulsante e vivo, uma presença que irradia paz e firmeza.

Ao estabelecer a visualização da chama azul, o praticante pode então invocar o Mestre El Morya. Com o coração aberto e com humildade, ele deve pedir ao Mestre que o ajude a sintonizar-se com a energia do Primeiro Raio, que o guie no processo de fortalecer sua própria vontade e que o ajude a alinhar seus pensamentos e ações com a Vontade Divina. A invocação pode ser feita em silêncio ou em voz baixa, mas é importante que as palavras sejam sinceras e que o desejo de transformação seja genuíno. Durante essa invocação, o praticante deve concentrar-se em suas intenções e estar disposto a aceitar a orientação que venha a receber.

Depois de invocar o Mestre El Morya, o praticante deve permanecer em silêncio por alguns minutos, observando qualquer sensação ou insight que surja. É possível que ele sinta uma sensação de força e segurança, ou que uma ideia clara sobre um problema ou decisão apareça em sua mente. Esse é o momento de escutar, de permitir que a sabedoria do Primeiro Raio se manifeste. A mensagem pode não ser imediata, mas com o tempo e a prática regular, a conexão com essa energia fortalecerá a clareza e a confiança do praticante em suas ações e escolhas.

Para encerrar o ritual, o praticante pode recitar uma afirmação que reforce o propósito do Primeiro Raio. Uma afirmação simples e poderosa seria: "Eu sou a expressão da Vontade Divina. Minha vida é guiada pela força, pela clareza e pela paz." Ao recitar essa afirmação, o praticante ancora a energia do raio em seu campo, permitindo que a Vontade Divina atue em todas as suas decisões e relacionamentos. Ao final, ele pode agradecer ao Mestre El Morya e à presença da chama azul, expressando sua gratidão pelo apoio recebido.

O ritual de conexão com o Primeiro Raio pode ser repetido sempre que o praticante sentir a necessidade de reforçar sua determinação e confiança. Cada prática aprofunda a relação com o raio e com o Mestre, e com o tempo, o praticante perceberá que a energia do raio começa a se manifestar naturalmente em sua vida, como um impulso interno que o orienta para as escolhas mais elevadas. A vontade pessoal, ao se alinhar com a Vontade Divina, torna-se um canal de realização, e o praticante descobre que seus desejos e aspirações começam a refletir um propósito maior.

O Primeiro Raio ensina que a verdadeira força vem da conexão com o divino e que a vontade humana, por mais determinada que seja, só alcança a plenitude quando se rende ao propósito universal. Esse raio é uma oportunidade para aqueles que buscam superar suas próprias limitações, transcendendo as barreiras do medo e da dúvida. Ao sintonizar-se com a Vontade Divina, o praticante passa a ser guiado por uma energia que vai além do desejo pessoal, uma força que o capacita a enfrentar qualquer situação com confiança e coragem.

A jornada com o Primeiro Raio é um caminho de autossuperação. Cada vez que o praticante se conecta com essa energia, ele integra um pouco mais da força e da sabedoria que o raio oferece. Essa prática transforma-o de dentro para fora, tornando-o uma expressão viva da Vontade Divina. A disciplina, a persistência e o desejo sincero de alinhar-se com o plano divino são as chaves que abrem o caminho da realização. A energia do Primeiro Raio lembra que, ao permitir que o propósito divino se manifeste através de nós, tornamo-nos instrumentos de paz, de ordem e de evolução.

Essa conexão com o Primeiro Raio pode se tornar uma âncora espiritual, ajudando o praticante a manter-se centrado e resiliente, mesmo em momentos de provação. El Morya, como o guardião desse raio, inspira o buscador a viver com honestidade e comprometimento, conduzindo sua vida com integridade e respeito às leis universais. Cada prática fortalece o vínculo com essa força e aprofunda a capacidade do praticante de liderar sua própria vida com amor e compaixão, atuando como um pilar de luz e de equilíbrio onde quer que esteja.

Ao final dessa prática, o praticante percebe que a Vontade Divina não é uma força externa, mas algo que emerge do seu interior quando ele se dispõe a escutar a voz de sua alma. O Primeiro Raio, assim, não apenas fortalece a vontade, mas também revela a presença divina que reside em cada ser. Dessa forma, o praticante caminha com confiança, sabendo que suas ações estão alinhadas com um propósito maior e que, ao viver em harmonia com a Vontade Divina, ele contribui para a paz e a harmonia de todo o universo.

Capítulo 12
Ritual do Segundo Raio: Amor-Sabedoria

O Segundo Raio, conhecido como o Raio do Amor-Sabedoria, representa o encontro sagrado entre o amor compassivo e a sabedoria profunda, manifestando-se como uma luz dourada que irradia entendimento e empatia. Essa energia é essencial para a cura e para a harmonia, pois ensina que a verdadeira sabedoria nasce do amor incondicional e da aceitação de toda a criação. O Segundo Raio convida o ser humano a cultivar o conhecimento iluminado pelo coração, uma compreensão que se estende além das palavras e que toca a essência do ser. Trabalhar com essa energia é embarcar em uma jornada para desenvolver a compreensão e a empatia, características que permitem ver a unidade por trás das diferenças e a essência divina em todos os seres.

O Mestre Kuthumi é o guardião desse raio e guia aqueles que buscam aprofundar sua conexão com o amor universal e expandir sua consciência. Em sua jornada espiritual, Kuthumi aprendeu a importância do amor como princípio de sabedoria e serviço. Ele ensina que, ao acolher o próximo com compaixão, a alma se torna um reflexo da harmonia e do amor divinos. Esse raio é particularmente poderoso para aqueles que aspiram ao crescimento interior por meio do desenvolvimento do amor próprio e da aceitação dos outros. O Segundo Raio abre o coração e a mente, permitindo que o ser humano acesse um estado de paz e de harmonia, em que os julgamentos e preconceitos cedem lugar à compreensão.

O ritual do Segundo Raio foi criado para sintonizar o praticante com a energia de Kuthumi e da chama dourada do Amor-Sabedoria. Esse ritual fortalece o poder de empatia e a capacidade de amar incondicionalmente, características essenciais para quem deseja viver de acordo com os princípios do divino. O amor, como a fonte de toda sabedoria, revela a verdade que se esconde por trás das aparências e amplia a visão para o todo. Essa prática é benéfica tanto para quem busca o desenvolvimento pessoal quanto para aqueles que desejam aprimorar suas relações e promover a paz ao seu redor.

Para iniciar o ritual, o praticante deve encontrar um espaço tranquilo e confortável onde possa se concentrar sem interrupções. É útil vestir uma peça de roupa na cor dourada ou ter um objeto dourado próximo, como uma vela ou um cristal. A cor dourada reflete a energia do Segundo Raio e cria um ambiente propício para a conexão com a sabedoria e o amor. O praticante começa o ritual com uma série de respirações lentas e profundas, relaxando o corpo e acalmando a mente. Durante esse processo, é importante cultivar uma intenção sincera de abrir o coração e de permitir que o amor e a sabedoria do raio preencham todo o seu ser.

Com os olhos fechados, o praticante visualiza uma suave luz dourada surgindo no centro de seu coração. Essa luz representa o amor-sabedoria, uma presença quente e acolhedora que ilumina cada aspecto de seu ser. À medida que a luz cresce, ela se expande, preenchendo o peito, o corpo e todo o espaço ao redor. Esse brilho dourado é a energia do Segundo Raio, que dissolve as barreiras e desfaz as limitações, permitindo que o praticante sinta a conexão com o universo. Ele pode imaginar que essa luz dourada se une à luz do próprio Mestre Kuthumi, que assiste a prática com sua presença tranquila e compassiva.

No auge da visualização, o praticante deve invocar o Mestre Kuthumi, pedindo sua orientação e apoio para abrir-se completamente ao amor e à sabedoria. A invocação pode ser feita em voz baixa ou em silêncio, mas é importante que as palavras sejam sinceras, refletindo o desejo genuíno de transcender qualquer barreira interna e de expandir a capacidade de amar e compreender. Durante a invocação, o praticante pede a Kuthumi que o ajude a perceber a unidade de todos os seres e a reconhecer o divino em si mesmo e nos outros. Esse é um momento de conexão profunda e de entrega à orientação espiritual, onde a intenção de servir ao bem comum deve prevalecer.

Após a invocação, o praticante permanece em silêncio, permitindo que a energia do raio se intensifique em seu coração. Ele pode sentir uma paz profunda, uma sensação de expansão ou um fluxo de amor que preenche todo o seu ser. Esse é o momento de absorver as qualidades do Segundo Raio, deixando que a sabedoria e o amor se enraízem em sua consciência. Se pensamentos ou insights surgirem, eles devem ser acolhidos sem julgamento, como mensagens que ajudam a ampliar a compreensão. Esse estado de contemplação é uma oportunidade para o praticante vivenciar a presença do divino em seu próprio interior.

Para reforçar a integração do Segundo Raio, o praticante pode recitar uma afirmação, ancorando a energia do raio em seu coração e mente. Uma afirmação simples e poderosa é: "Eu sou a expressão do Amor-Sabedoria. Meu coração e minha mente estão em harmonia com a verdade divina, e eu vejo o divino em todos os seres." Ao repetir essa afirmação, o praticante solidifica a experiência do raio em sua consciência, ancorando as qualidades de compaixão e entendimento em seu campo energético. A prática da afirmação finaliza o ritual, deixando o praticante em um estado de paz e de união com o Amor-Sabedoria.

Esse ritual pode ser repetido sempre que o praticante desejar fortalecer sua capacidade de amar e compreender. Cada prática aprofunda a conexão com o raio e com o Mestre Kuthumi, ajudando o praticante a cultivar uma visão mais ampla e compassiva. Com o tempo, o praticante perceberá que a energia do Segundo Raio começa a influenciar sua vida naturalmente, manifestando-se em suas atitudes, em seus relacionamentos e em sua forma de ver o mundo. As barreiras do ego se tornam mais leves, e a compreensão e o perdão tornam-se reações espontâneas.

O Amor-Sabedoria ensina que o amor é a chave para a verdadeira compreensão, pois é através do coração aberto que a alma acessa as verdades mais profundas. Sob a influência desse raio, o praticante desenvolve um olhar compassivo e acolhedor, reconhecendo que cada ser é uma expressão única do divino, e que todas as experiências, por mais difíceis que sejam, carregam lições preciosas. A prática constante do ritual do Segundo Raio transforma a vida, permitindo que o praticante se torne uma fonte de paz e harmonia, alguém que irradia compreensão e que promove o bem em todas as suas ações.

O Segundo Raio convida a abandonar os julgamentos e a dissolver as barreiras que separam. Ele lembra que, por trás de cada aparência, existe uma essência que é pura e sagrada. A cada prática, o praticante se aproxima mais dessa essência, tornando-se mais consciente de sua própria natureza divina. Essa conscientização o fortalece e o guia, permitindo que ele viva de acordo com os princípios do amor e da sabedoria, tanto em momentos de serenidade quanto nos desafios do cotidiano. A energia do raio atua como um farol interno, uma presença que ilumina o caminho e que encoraja o praticante a viver de forma autêntica e amorosa.

A conexão com o Segundo Raio é uma experiência transformadora. Ao abrir o coração para a chama dourada, o praticante não apenas recebe o amor, mas também se torna um canal para transmiti-lo. Essa conexão torna-se um meio de cura, um processo que restaura o equilíbrio emocional e mental e que promove uma paz duradoura. Com o passar do tempo, o praticante começa a ver a si mesmo e aos outros com um novo olhar, um olhar que enxerga a divindade presente em tudo. Assim, o ritual do Segundo Raio é mais do que uma prática espiritual; é uma porta para a transformação profunda e para a descoberta do amor como a verdade que unifica a todos.

Ao finalizar o ritual, o praticante agradece ao Mestre Kuthumi e à presença do raio dourado, sentindo-se renovado e em harmonia com o amor universal. Esse momento final de gratidão consolida a experiência, e o praticante percebe que carrega consigo a chama do Amor-Sabedoria, pronta para iluminar seus passos e trazer paz a cada situação. O Segundo Raio, então, se torna um guia constante, uma fonte de sabedoria e compaixão que o acompanha e o inspira a viver de acordo com o amor maior, reconhecendo-se como uma parte essencial do vasto tecido divino que conecta toda a criação.

Capítulo 13
Ritual do Terceiro Raio: Inteligência Ativa

O Terceiro Raio, identificado pela cor rosa, é a expressão da Inteligência Ativa e do amor aplicado. Ele carrega em si a energia da criatividade, da adaptabilidade e da manifestação concreta do amor divino no mundo material. Este raio é a ponte entre o amor e a ação, trazendo à tona a inteligência que permite ao ser humano criar, transformar e servir ao mundo de maneira prática e efetiva. O Terceiro Raio representa, portanto, a fusão entre a inspiração e a realização, permitindo que as ideias e o amor se manifestem como formas, obras e atos de generosidade.

O Mestre Paulo Veneziano é o guardião do Terceiro Raio, e ele atua como um mentor para aqueles que buscam utilizar suas habilidades e talentos como formas de expressão divina. Ele inspira o desenvolvimento da criatividade em sua forma mais elevada, mostrando que cada ação e cada criação, quando motivadas pelo amor, se tornam instrumentos de cura e de beleza no mundo. Para o Mestre Paulo Veneziano, o amor não é apenas um sentimento; é uma força ativa, uma inteligência que organiza e direciona, manifestando-se em tudo o que é feito com intuição e compaixão.

O ritual de conexão com o Terceiro Raio foi desenvolvido para sintonizar o praticante com essa inteligência criativa e para ajudá-lo a canalizar o amor através de suas ações, seja na resolução de problemas, no desenvolvimento de projetos ou na criação de algo novo. Esse ritual fortalece a mente e o coração, ampliando a visão e abrindo caminho para que o praticante se torne um canal do amor em movimento. Este é o raio da inteligência prática, da resolução de conflitos e da harmonia entre o espiritual e o material, e sintonizar-se com ele é descobrir a capacidade de trazer a sabedoria divina para a vida cotidiana.

Para iniciar o ritual, o praticante deve encontrar um espaço tranquilo onde possa se concentrar. É útil vestir uma peça de roupa rosa ou ter uma vela dessa cor, representando o amor aplicado que o Terceiro Raio simboliza. O ritual começa com alguns minutos de respiração profunda, ajudando o praticante a relaxar e a esvaziar a mente de qualquer distração. Durante essa fase inicial, é importante que ele estabeleça uma intenção clara de abrir-se para a criatividade divina e para a inteligência prática que o Terceiro Raio proporciona.

Com os olhos fechados, o praticante visualiza uma luz rosa suave que surge no centro de seu peito, irradiando-se de seu coração e expandindo-se lentamente por todo o corpo. Essa luz rosa é a expressão do amor ativo, e ela traz consigo uma sensação de paz, criatividade e harmonia. À medida que a luz rosa cresce, o praticante deve permitir que seu coração e sua mente se abram para essa energia, deixando que a inspiração e a intuição fluam sem obstáculos. Ele pode imaginar que essa luz se estende ao seu redor, criando um campo de energia onde a criatividade e o amor se entrelaçam, transformando o ambiente em um espaço de potencial ilimitado.

Ao estabelecer essa visualização, o praticante deve invocar o Mestre Paulo Veneziano, pedindo sua orientação para desenvolver a capacidade de aplicar o amor em todas as áreas de sua vida. A invocação pode ser feita em silêncio ou em voz baixa, e é importante que as palavras sejam ditas com sinceridade e propósito. O praticante pede ao Mestre que o ajude a desenvolver a criatividade e a inteligência necessária para resolver problemas, criar soluções inovadoras e transformar sua vida e o mundo ao seu redor. Esse momento de invocação é um compromisso com a prática do amor ativo, da aplicação consciente do amor em cada escolha e em cada ação.

Após a invocação, o praticante deve permanecer em um estado de abertura e receptividade, permitindo que a energia do

Terceiro Raio se manifeste em forma de ideias, sentimentos ou imagens. Ele pode experimentar uma clareza mental maior ou um fluxo de pensamentos criativos que o inspirem a agir de maneira nova e positiva. Durante esse momento, é importante confiar na intuição e permitir que a inteligência divina atue. Essa prática é uma oportunidade para que o praticante descubra novas maneiras de expressar o amor em seus relacionamentos, em seu trabalho e em seus projetos pessoais.

Para ancorar a energia do Terceiro Raio em seu campo, o praticante pode recitar uma afirmação que reforce a intenção do ritual. Uma afirmação poderosa para esse raio é: "Eu sou a expressão do Amor em Ação. Minha inteligência e minha criatividade estão a serviço do bem maior, e eu manifesto o amor divino em tudo o que faço." Ao recitar essa afirmação, o praticante alinha seu propósito com o do raio, consolidando a conexão com a energia da inteligência ativa e do amor aplicado. Esse encerramento é uma forma de gratidão e de compromisso com a aplicação prática do amor e da criatividade.

O ritual de conexão com o Terceiro Raio pode ser repetido sempre que o praticante desejar fortalecer sua capacidade de resolver problemas, criar algo novo ou agir com amor e inteligência. Cada prática aprofunda a conexão com o raio e com o Mestre Paulo Veneziano, fortalecendo a intuição e ampliando o alcance da criatividade. Com o tempo, o praticante perceberá que a energia do Terceiro Raio começa a se manifestar espontaneamente em sua vida, trazendo novas ideias e uma visão mais harmoniosa e prática para resolver situações complexas.

O Terceiro Raio ensina que a verdadeira inteligência não é apenas lógica, mas também sensível e compassiva. Ele encoraja o praticante a confiar em sua intuição, a ouvir o que seu coração diz e a permitir que o amor e a sabedoria guiem suas ações. Ao integrar o Terceiro Raio em sua vida, o praticante desenvolve uma nova percepção das situações, reconhecendo que cada desafio é uma oportunidade de manifestar o amor em sua forma mais prática e eficaz. Essa abordagem amorosa e inteligente é um presente que o Terceiro Raio oferece, e sua prática constante fortalece a capacidade de criar harmonia onde quer que se esteja.

O Mestre Paulo Veneziano, como guardião desse raio, inspira o praticante a enxergar o mundo com olhos de artista, reconhecendo a beleza e a possibilidade em cada situação. Ele ensina que, ao ver a vida como uma tela em branco, o ser humano se torna capaz de pintar sua própria realidade, utilizando as cores da criatividade e do amor. Com o Terceiro Raio, o praticante aprende que a criação é um ato sagrado e que cada ação, quando feita com amor e inteligência, contribui para a construção de um mundo mais justo, harmonioso e cheio de beleza.

O Terceiro Raio é, portanto, uma porta para o autoconhecimento e para a realização. Ele nos mostra que o amor não é algo que apenas sentimos, mas algo que fazemos, algo que manifestamos a cada escolha. Trabalhar com o Terceiro Raio é comprometer-se a viver com uma visão mais ampla, a ver além das dificuldades e a encontrar soluções que beneficiem a todos. Esse é o raio que transforma o amor em ação e que coloca a inteligência a serviço do bem maior. Ao se conectar com essa energia, o praticante descobre que seu verdadeiro poder reside em sua capacidade de agir com amor e de usar sua criatividade para inspirar e transformar o mundo ao seu redor.

Ao encerrar o ritual, o praticante agradece ao Mestre Paulo Veneziano e à presença do raio rosa, sentindo-se revigorado e inspirado a aplicar o amor em tudo o que faz. O Terceiro Raio torna-se, assim, uma fonte contínua de inteligência ativa, uma força que o orienta e o inspira a agir com amor e sabedoria em cada aspecto de sua vida. Essa conexão o acompanha, ajudando-o a ver a beleza e a harmonia em cada desafio e a descobrir que, ao aplicar o amor e a inteligência juntos, ele se torna um verdadeiro cocriador de um mundo mais compassivo e pleno de possibilidades.

Capítulo 14
Ritual do Quarto Raio: Harmonia e Pureza

O Quarto Raio, conhecido como o Raio da Harmonia e Pureza, representa o equilíbrio entre o corpo, a mente e o espírito, e a busca pela harmonia em todos os aspectos da vida. Ele é a expressão do princípio de purificação, um processo que permite ao ser humano libertar-se das influências externas e das energias densas que o afastam de sua verdadeira essência. Representado pela cor branca, o Quarto Raio é o caminho de purificação interior, um convite à elevação e à transcendência das sombras do ego, trazendo luz e clareza para o coração e a mente. Trabalhar com o Quarto Raio é cultivar a pureza espiritual, a paz e a serenidade, qualidades essenciais para quem deseja viver em alinhamento com a própria verdade.

O Mestre Serapis Bey é o guardião do Quarto Raio. Conhecido por sua disciplina e foco na elevação espiritual, Serapis Bey guia os que buscam a transformação e a ascensão através da prática da harmonia e da pureza. Ele ensina que a verdadeira elevação acontece quando o ser humano consegue alinhar-se com a ordem divina, permitindo que a luz interior brilhe sem obstruções. Para o Mestre, a purificação é uma jornada de autossuperação e de aperfeiçoamento constante, onde o ser humano se liberta das limitações do ego e encontra sua verdadeira paz. Conectar-se com o Quarto Raio, portanto, é um ato de devoção e de compromisso com a pureza do espírito.

O ritual de conexão com o Quarto Raio foi desenvolvido para auxiliar o praticante a entrar em contato com sua própria essência pura e para promover a harmonia interior, um estado de paz e equilíbrio que reflete a ordem cósmica. Esse ritual fortalece o praticante na superação de padrões negativos, ajudando-o a dissolver as energias densas que o impedem de viver plenamente. A prática com o Quarto Raio é um processo de purificação e renovação, onde a alma se torna um canal mais claro para a luz divina, revelando a beleza e a serenidade que residem em seu interior.

Para começar o ritual, o praticante deve encontrar um local tranquilo e limpo. Vestir-se de branco ou ter uma vela branca acesa pode ajudar a criar um ambiente que favoreça a conexão com o raio. A cor branca, símbolo da pureza e da luz, é uma representação da energia do Quarto Raio e cria uma atmosfera de calma e paz. A prática começa com alguns minutos de respiração profunda e consciente, em que o praticante permite que o corpo e a mente se acalmem. Esse momento inicial de relaxamento é fundamental para abrir o coração e a mente, permitindo que a energia do raio seja recebida e assimilada.

Com os olhos fechados, o praticante deve visualizar uma luz branca brilhante surgindo em seu coração, irradiando-se de maneira suave e constante. Essa luz branca representa a energia de purificação e harmonia do Quarto Raio, que começa a expandir-se, preenchendo o peito, o corpo e o ambiente ao seu redor. A visualização da luz branca é uma forma de ativar a pureza interior, permitindo que ela dissolva qualquer energia negativa ou bloqueio que possa estar impedindo o fluxo natural de paz e clareza. O praticante deve permitir que essa luz purificadora penetre cada célula, cada pensamento e cada emoção, limpando e renovando seu ser.

Ao estabelecer essa visualização, o praticante deve invocar o Mestre Serapis Bey, pedindo seu auxílio para alcançar a pureza e a harmonia em sua vida. A invocação pode ser feita em silêncio ou em voz baixa, com palavras que reflitam o desejo sincero de purificação e de transformação. Durante a invocação, o praticante pede ao Mestre que o ajude a alinhar-se com a luz divina, a libertar-se das ilusões e a encontrar a paz interior. Este é um momento de entrega, em que o praticante abre mão dos apegos e das limitações do ego, permitindo que a energia de Serapis Bey e do Quarto Raio penetre em sua consciência.

Após a invocação, o praticante deve permanecer em silêncio, absorvendo a presença do raio e permitindo que a energia de harmonia e pureza o envolva completamente. Esse momento é uma oportunidade para entrar em contato profundo com a própria essência e para perceber a serenidade que surge quando a mente e o coração estão alinhados com a luz. Durante esse estado de introspecção, o praticante pode experimentar uma sensação de clareza, um desapego natural das preocupações e uma paz profunda. Esse estado é uma amostra do que o Quarto Raio pode oferecer quando é plenamente integrado à vida.

Para ancorar a energia do Quarto Raio em sua consciência, o praticante pode recitar uma afirmação que represente a intenção do ritual. Uma afirmação simples e poderosa seria: "Eu sou a pureza divina em manifestação. Minha mente, meu coração e meu espírito estão em perfeita harmonia com a luz." Ao recitar essa afirmação, o praticante solidifica a experiência do raio em seu campo energético, reforçando o compromisso com a pureza e a harmonia. Esse ato final encerra o ritual, e o praticante é encorajado a sentir-se grato pela presença de Serapis Bey e pela energia do raio branco.

Esse ritual pode ser repetido sempre que o praticante sentir a necessidade de restaurar a paz interior e a pureza espiritual. Cada prática aprofunda a conexão com o raio e com o Mestre, tornando a energia do Quarto Raio uma presença constante em sua vida. Com o tempo, o praticante perceberá que a energia de harmonia e pureza começa a influenciar sua maneira de ver o mundo, sua forma de reagir aos desafios e seu relacionamento consigo mesmo e com os outros. As preocupações e as ansiedades diminuem, dando lugar a uma serenidade que brota da clareza e da paz interior.

O Quarto Raio ensina que a verdadeira paz é o resultado da harmonia entre o ser humano e a luz divina. Ele nos lembra que, ao permitir que a pureza guie nossos pensamentos e ações, tornamo-nos uma expressão viva da beleza e da ordem cósmica.

Sob a influência desse raio, o praticante desenvolve a capacidade de ver além das ilusões e de reconhecer a presença da luz em tudo o que o cerca. O Quarto Raio é, assim, um caminho para a transcendência das sombras do ego e para a redescoberta da própria divindade.

O Mestre Serapis Bey, como guardião desse raio, inspira o praticante a buscar a verdade e a simplicidade, afastando-se das complexidades e dos excessos do mundo. Ele ensina que a pureza não é algo que se alcança externamente, mas um estado de ser que é cultivado dentro de cada um. Com o Quarto Raio, o praticante aprende que a purificação é um processo contínuo e que cada ação e pensamento pode ser uma expressão da harmonia divina. Esse raio fortalece o compromisso com a verdade e encoraja a busca pela autenticidade, pela simplicidade e pela paz em todos os aspectos da vida.

O Quarto Raio também atua como uma força de cura, ajudando o praticante a libertar-se das mágoas e das emoções acumuladas, promovendo a regeneração da alma. Ao trabalhar com essa energia, o praticante encontra a força para enfrentar suas sombras e para transformá-las em luz. Essa prática traz equilíbrio e bem-estar, pois a harmonia e a pureza têm o poder de restaurar a vitalidade e de revitalizar o corpo e a mente. Cada vez que o praticante se conecta com o Quarto Raio, ele se aproxima um pouco mais da essência divina que reside em seu coração.

A prática constante do ritual do Quarto Raio permite que o praticante se torne um exemplo vivo de harmonia e de paz, alguém que irradia serenidade e que inspira os outros a buscar a verdade interior. A energia da pureza ilumina seus caminhos, guiando-o para escolhas mais conscientes e alinhadas com seu propósito espiritual. O Quarto Raio torna-se, então, uma âncora de luz que o fortalece e o acompanha, ajudando-o a viver em paz consigo mesmo e com o mundo.

Ao encerrar o ritual, o praticante sente-se em comunhão com a harmonia universal, uma paz profunda que transcende as circunstâncias externas. Ele se despede do Mestre Serapis Bey com gratidão, sabendo que a luz da pureza e da harmonia continua viva em seu coração, pronta para guiá-lo sempre que for necessário. A conexão com o Quarto Raio revela que, em essência, o praticante já é uma expressão da harmonia divina, e que ao viver em sintonia com essa verdade, ele contribui para a paz e a ordem de todo o universo.

Capítulo 15
Ritual do Quinto Raio: Conhecimento e Ciência

O Quinto Raio, marcado pela cor verde, é a expressão do Conhecimento e da Ciência Espiritual, simbolizando a busca pela verdade e pela compreensão profunda das leis universais. Esta energia conecta o saber científico com a espiritualidade, unindo a razão e a intuição em um propósito mais elevado. Representando a clareza e a cura, o Quinto Raio atua como uma força que transcende o entendimento superficial, incentivando o discernimento, a pesquisa e o desenvolvimento do conhecimento em todas as suas formas. Ele é o caminho para aqueles que buscam não apenas entender o mundo material, mas também penetrar nos mistérios espirituais e harmonizar esses aspectos em sua vida.

O Mestre Hilarion é o guardião do Quinto Raio e atua como um orientador para aqueles que desejam expandir sua compreensão sobre a vida, o universo e as forças invisíveis que regem todas as coisas. Em sua missão, Hilarion inspira aqueles que se dedicam ao estudo e à cura, promovendo uma visão holística que integra a ciência e a espiritualidade. Para ele, a busca pelo conhecimento não deve ser limitada ao intelecto; deve envolver a alma, o coração e o espírito. Ao conectar-se com o Quinto Raio, o praticante é guiado para uma verdade mais profunda, uma sabedoria que promove a cura e a transformação de todos os níveis de sua existência.

O ritual de conexão com o Quinto Raio foi criado para abrir o praticante ao conhecimento superior, para expandir sua capacidade de discernimento e clareza mental e para despertar o poder de cura interior. Esse ritual fortalece a visão espiritual, ajudando o praticante a ver além das aparências e a acessar a essência da verdade. Conectar-se com o Quinto Raio é como acender uma chama de compreensão e sabedoria dentro de si, permitindo que o conhecimento se torne uma ponte para o amor e a paz.

Para iniciar o ritual, o praticante deve encontrar um espaço calmo onde possa se concentrar sem interrupções. Usar uma peça de roupa verde ou acender uma vela verde ajuda a criar uma conexão com a energia do Quinto Raio. A cor verde, representando o equilíbrio e a cura, auxilia na criação de uma atmosfera de introspecção e de receptividade ao conhecimento. O ritual começa com uma série de respirações profundas e lentas, ajudando o praticante a relaxar e a focar sua atenção internamente. Esse momento inicial é essencial para criar um estado de abertura mental e espiritual, permitindo que a sabedoria do raio flua de maneira clara e serena.

Com os olhos fechados, o praticante visualiza uma luz verde brilhante surgindo no centro de sua testa, irradiando-se do ponto do terceiro olho, que é o centro da intuição e da visão espiritual. Essa luz verde representa o conhecimento e a verdade, uma energia que traz clareza e que dissolve as ilusões. À medida que essa luz cresce, ela se expande pelo corpo e pela mente, promovendo uma sensação de paz e de lucidez. Essa visualização é o primeiro passo para sintonizar-se com o Quinto Raio, deixando que sua energia preencha a mente com discernimento e compreensão.

Ao estabelecer a visualização da luz verde, o praticante deve invocar o Mestre Hilarion, pedindo sua ajuda para acessar o conhecimento divino e a cura espiritual. A invocação pode ser feita em silêncio ou em voz baixa, e é importante que o praticante expresse sinceramente seu desejo de compreender a verdade e de aplicar esse conhecimento para o bem. Durante a invocação, o praticante pede ao Mestre Hilarion que o guie no processo de discernimento, ajudando-o a ver com clareza e a entender a realidade sob a luz do amor e da sabedoria. Esse é um momento de entrega, onde o praticante se compromete a buscar a verdade e a usá-la de maneira ética e compassiva.

Após a invocação, o praticante permanece em silêncio, observando qualquer sensação ou intuição que possa surgir. É possível que ele experimente uma clareza mental ampliada ou uma percepção mais aguçada da realidade ao seu redor. Esse momento de contemplação é uma oportunidade para que a sabedoria do Quinto Raio se manifeste, seja em forma de insights, intuições ou até mesmo imagens simbólicas que trazem compreensão. Esse estado de receptividade é fundamental para permitir que o praticante entre em contato direto com a energia do conhecimento e da cura.

Para ancorar a energia do Quinto Raio em seu campo, o praticante pode recitar uma afirmação que fortaleça sua conexão com o raio. Uma afirmação poderosa para esse propósito é: "Eu sou a expressão da Verdade e da Sabedoria Divina. Minha mente está aberta ao conhecimento, e eu uso a verdade para promover a cura e a harmonia." Ao recitar essa afirmação, o praticante consolida a experiência do raio em sua consciência, permitindo que a clareza e o discernimento façam parte de sua vida. Esse ato de finalização é uma forma de compromisso com a busca da verdade e com a utilização do conhecimento para o bem maior.

Esse ritual pode ser repetido sempre que o praticante desejar aprimorar sua compreensão e discernimento ou quando precisar de orientação para tomar decisões difíceis. A prática constante aprofunda a conexão com o raio e com o Mestre Hilarion, ajudando o praticante a desenvolver uma visão mais ampla e verdadeira sobre si mesmo e sobre o mundo. Com o tempo, o praticante perceberá que a energia do Quinto Raio começa a se manifestar espontaneamente em sua vida, promovendo uma clareza de pensamento e uma intuição que guia suas ações.

O Quinto Raio ensina que a verdadeira cura e o verdadeiro conhecimento só podem ser alcançados quando são integrados com o amor. Ele nos lembra que, ao buscar a verdade, devemos estar dispostos a nos abrir para as possibilidades e a aceitar o que está além das aparências. Sob a influência desse raio, o praticante desenvolve uma mente aberta e curiosa, uma mente que busca o entendimento, mas que também sabe respeitar o mistério da vida. O Quinto Raio é, assim, um convite para que o praticante encontre um equilíbrio entre o intelecto e o coração, integrando ciência e espiritualidade em sua busca pela verdade.

Mestre Hilarion, como guardião desse raio, inspira o praticante a ver a vida como um campo de aprendizado e de descoberta. Ele ensina que o conhecimento é um caminho para a cura e para a libertação, e que cada descoberta traz uma oportunidade de servir ao próximo. Com o Quinto Raio, o praticante aprende que o saber verdadeiro não é algo a ser acumulado, mas compartilhado, e que sua aplicação deve ser feita com amor e responsabilidade. Esse raio fortalece o compromisso com a busca pela verdade, incentivando o desenvolvimento de uma visão mais clara e justa.

Além de promover o discernimento e a clareza, o Quinto Raio também atua como uma energia de cura, especialmente eficaz para curar as feridas emocionais e os padrões mentais limitantes. Ao trabalhar com essa energia, o praticante encontra o poder de libertar-se dos medos e das ilusões que o impedem de ver a realidade como ela é. Cada vez que o praticante se conecta com o Quinto Raio, ele experimenta uma purificação mental e espiritual, uma renovação que abre espaço para a paz e o bem-estar.

A prática constante do ritual do Quinto Raio permite que o praticante se torne um canal de sabedoria e cura, alguém que irradia paz e equilíbrio e que promove o entendimento ao seu redor. A energia da verdade ilumina seus caminhos, guiando-o para escolhas mais sábias e harmoniosas. O Quinto Raio torna-se, assim, uma fonte de conhecimento contínuo, uma presença que o fortalece e o ajuda a enxergar a vida sob a perspectiva do amor e da sabedoria.

Ao encerrar o ritual, o praticante agradece ao Mestre Hilarion e à presença do raio verde, sentindo-se revigorado e em sintonia com a verdade e a harmonia. Essa conexão com o Quinto

Raio torna-se um guia que o acompanha, ajudando-o a buscar a verdade em cada experiência e a utilizar o conhecimento para criar um impacto positivo no mundo. Com o tempo, o praticante descobre que, ao viver em sintonia com a verdade e o amor, ele se torna um instrumento de cura e de paz, contribuindo para a evolução e a harmonia de toda a criação.

Capítulo 16
Ritual do Sexto Raio: Devoção e Idealismo

O Sexto Raio, representado pela cor rubi dourado, irradia a energia da Devoção e do Idealismo. Ele simboliza a chama da fé, do amor altruísta e do serviço dedicado ao bem maior. Esse raio atua como uma fonte de inspiração e de força para aqueles que buscam viver de acordo com seus ideais mais elevados, motivados pelo desejo sincero de servir ao próximo e de promover a harmonia no mundo. O Sexto Raio representa o caminho da devoção e do amor comprometido, uma força espiritual que impulsiona o ser humano a transcender suas limitações e a viver para além de seus próprios interesses.

A guardiã do Sexto Raio é Lady Nada, uma Mestra Ascensa que personifica o amor e a compaixão desinteressada. Lady Nada ensina que a devoção não é apenas um ato de fé, mas um caminho de serviço e de dedicação. Ela inspira aqueles que se conectam com o Sexto Raio a cultivarem um amor altruísta, uma entrega que busca o bem-estar e a paz de todos. Para Lady Nada, o idealismo é uma forma de devoção, um chamado para agir em prol do bem e de viver conforme os princípios de bondade e compaixão. Ao sintonizar-se com o Sexto Raio, o praticante se abre para uma vida de significado e propósito, guiada pelo desejo de servir e de compartilhar a luz divina com os outros.

O ritual de conexão com o Sexto Raio foi desenvolvido para ajudar o praticante a fortalecer sua fé e sua devoção, promovendo um alinhamento entre suas ações e seus ideais. Esse ritual desperta a compaixão e o amor altruísta, fortalecendo o compromisso do praticante com uma vida de serviço e de harmonia. Trabalhar com o Sexto Raio é um convite para dedicar-se ao propósito maior, para cultivar o amor universal e para viver com um coração aberto e disposto a oferecer a própria luz ao mundo.

Para iniciar o ritual, o praticante deve escolher um local tranquilo onde possa meditar em paz. Vestir-se com roupas de cor rubi ou dourada, ou acender uma vela nesses tons, pode ajudar a criar uma atmosfera propícia à conexão com o Sexto Raio. As cores rubi e dourado representam a devoção e o idealismo, evocando a energia da fé e do compromisso espiritual. O ritual começa com uma série de respirações profundas, onde o praticante deixa que as preocupações se dissipem, permitindo que a paz e o amor preencham seu coração. Esse momento de calma é essencial para abrir-se completamente à energia do Sexto Raio.

Com os olhos fechados, o praticante deve visualizar uma luz rubi dourada irradiando-se de seu coração, brilhando intensamente e se expandindo até preencher todo o seu ser. Essa luz representa o amor e a devoção, uma presença calorosa e protetora que fortalece a conexão com o divino. À medida que essa luz se expande, o praticante pode sentir uma sensação de profunda paz e entrega, como se fosse envolvido por um manto de compaixão e serenidade. Esse ato de visualização é o primeiro passo para estabelecer a sintonia com o Sexto Raio, deixando que a chama da devoção aqueça o coração e inspire a mente.

Ao estabelecer a visualização, o praticante deve invocar Lady Nada, pedindo que ela o auxilie no processo de abrir-se ao amor desinteressado e ao serviço altruísta. A invocação pode ser feita em silêncio ou em voz baixa, com palavras que reflitam o desejo de cultivar um coração generoso e uma vida guiada pela fé e pela compaixão. Durante a invocação, o praticante pede a Lady Nada que o ajude a expressar sua devoção de forma prática, a viver seus ideais com sinceridade e a encontrar maneiras de servir ao próximo. Esse é um momento de entrega, onde o praticante compromete-se a viver em harmonia com os valores mais elevados e a ser um agente de paz e de amor no mundo.

Após a invocação, o praticante deve permanecer em silêncio, permitindo que a energia do Sexto Raio o envolva completamente. Ele pode sentir uma sensação de paz, um desejo sincero de ajudar e de contribuir para o bem-estar dos outros. Esse é um momento de conexão profunda com o idealismo e com a compaixão, onde o praticante experimenta o amor universal de forma plena. Durante esse estado de contemplação, ele pode receber intuições sobre como aplicar sua devoção em sua vida diária, seja através de gestos de bondade, seja através de ações maiores em prol da comunidade.

Para ancorar a energia do Sexto Raio em sua consciência, o praticante pode recitar uma afirmação que represente a intenção do ritual. Uma afirmação poderosa para o Sexto Raio é: "Eu sou a expressão do amor e da devoção divina. Minha vida é guiada pelo ideal do serviço e pela compaixão por todos os seres." Ao recitar essa afirmação, o praticante solidifica a experiência do raio em seu campo energético, reforçando o compromisso com o idealismo e com a prática do amor altruísta. Esse encerramento é uma forma de gratidão e de reafirmação do propósito, onde o praticante aceita viver de acordo com os princípios de Lady Nada e do Sexto Raio.

O ritual de conexão com o Sexto Raio pode ser repetido sempre que o praticante desejar fortalecer sua fé, sua compaixão ou seu compromisso com uma vida de serviço. Cada prática aprofunda a conexão com o raio e com Lady Nada, incentivando o desenvolvimento de uma visão mais altruísta e pacífica. Com o tempo, o praticante perceberá que a energia do Sexto Raio começa a se manifestar naturalmente em sua vida, promovendo um amor que vai além de seus próprios interesses e um desejo sincero de contribuir para o bem comum.

O Sexto Raio ensina que a devoção verdadeira é mais do que um sentimento; é uma prática constante de amor e de entrega. Ele nos lembra que, ao viver de acordo com nossos ideais mais elevados, tornamo-nos exemplos vivos da luz divina. Sob a influência desse raio, o praticante desenvolve a habilidade de enxergar o divino em todos os seres, reconhecendo que a compaixão é uma força que transforma e que eleva. O Sexto Raio é, portanto, um convite para que o praticante transcenda suas próprias limitações, encontrando a plenitude em uma vida guiada pelo serviço e pela paz.

Lady Nada, como guardiã desse raio, inspira o praticante a viver com generosidade e dedicação, ensinando que a devoção é um ato de amor em ação. Ela mostra que, ao dedicar-se ao próximo, o ser humano também se transforma, fortalecendo-se e alinhando-se com o plano divino. O Sexto Raio fortalece o compromisso com a vida em harmonia e em serviço, promovendo uma atitude de gratidão e de respeito pelo outro. Esse raio incentiva o praticante a buscar sempre o bem, a cultivar a paciência e a compreensão, e a viver de maneira que inspire a paz e a união.

Além de promover a compaixão e o idealismo, o Sexto Raio também atua como uma força de cura emocional, ajudando o praticante a libertar-se de sentimentos de mágoa e ressentimento. Ao trabalhar com essa energia, o praticante encontra o poder de perdoar e de amar incondicionalmente, promovendo a reconciliação e a paz interior. Cada vez que o praticante se conecta com o Sexto Raio, ele experimenta uma purificação do coração, uma renovação que o prepara para servir com mais autenticidade e coragem.

A prática constante do ritual do Sexto Raio permite que o praticante se torne um exemplo de amor e de dedicação, irradiando paz e compaixão em todas as suas ações. A energia do idealismo e da devoção transforma sua vida, guiando-o para escolhas que estejam em sintonia com seu propósito espiritual. O Sexto Raio torna-se, assim, uma fonte de força e de inspiração, ajudando-o a viver em harmonia com o amor universal e com a missão de Lady Nada.

Ao finalizar o ritual, o praticante sente-se em comunhão com o amor e a devoção universais, uma paz profunda que o conecta a todos os seres. Ele expressa gratidão a Lady Nada e ao raio rubi dourado, sabendo que essa energia continuará a guiá-lo em sua jornada de serviço e de compaixão. A conexão com o

Sexto Raio revela que a verdadeira devoção é a que se expressa em cada ação, e que ao viver de acordo com seus ideais mais elevados, o praticante se torna um canal de luz, ajudando a trazer mais paz e mais amor para o mundo.

Capítulo 17
Ritual do Sétimo Raio: Ordem Cerimonial

O Sétimo Raio, representado pela cor violeta, é a energia da Ordem Cerimonial e da Transformação. Esse raio carrega o poder de transmutação e de purificação, atuando como uma força alquímica que transforma energias densas e padrões limitantes em luz e harmonia. O Sétimo Raio é a chama da renovação espiritual e da liberdade, uma energia que promove a mudança, liberando a alma de amarras antigas e permitindo que ela se alinhe com o propósito divino. Trabalhar com o Sétimo Raio é acessar o potencial de transformação profunda e encontrar a verdadeira liberdade espiritual.

O guardião do Sétimo Raio é o Mestre Saint Germain, um dos Mestres Ascensos mais reverenciados na Fraternidade Branca. Conhecido como o Mestre da Chama Violeta, Saint Germain ensina o caminho da alquimia espiritual e da renovação. Ele inspira aqueles que buscam a liberdade e a cura interior, ajudando-os a utilizar o poder do Sétimo Raio para liberar padrões negativos e transmutar as energias densas em amor e luz. Saint Germain lembra que a verdadeira liberdade é alcançada quando a alma se liberta das limitações do passado, transcendendo o medo e o apego para viver em sintonia com a ordem divina.

O ritual de conexão com o Sétimo Raio foi desenvolvido para que o praticante acesse essa energia de transmutação, promovendo a cura interior e a renovação espiritual. Esse ritual fortalece o poder de transformação e oferece uma prática concreta para transmutar energias que já não servem ao propósito maior do praticante. Ao conectar-se com o Sétimo Raio, o praticante se abre para um processo de purificação profunda, onde antigas dores e bloqueios são dissolvidos na chama violeta, permitindo o surgimento de uma nova consciência e de um estado de paz interior.

Para iniciar o ritual, o praticante deve encontrar um local tranquilo e propício para a introspecção. Vestir-se de roxo ou acender uma vela violeta ajuda a criar um ambiente alinhado com o Sétimo Raio. A cor violeta representa a transmutação e a elevação espiritual, conectando o praticante à vibração de Saint Germain e ao poder da Chama Violeta. A prática começa com uma respiração profunda e consciente, em que o praticante se permite relaxar completamente, sentindo a paz e o alívio que acompanham a decisão de deixar ir o que já não lhe serve.

Com os olhos fechados, o praticante visualiza uma chama violeta intensa que surge em seu coração, expandindo-se gradualmente e envolvendo todo o seu corpo. Essa chama representa a energia transmutadora do Sétimo Raio, que purifica, transforma e ilumina. À medida que essa chama cresce, ela dissolve as energias negativas, libertando o praticante de qualquer bloqueio emocional, mental ou espiritual. A visualização da chama violeta é uma forma de ativar a própria capacidade de transmutação, permitindo que a alma seja purificada e que a paz interior seja restaurada.

Ao estabelecer essa visualização, o praticante deve invocar o Mestre Saint Germain, pedindo sua orientação e apoio no processo de transformação e renovação. A invocação pode ser feita em silêncio ou em voz baixa, com palavras que expressem o desejo de libertar-se das energias e dos padrões que limitam sua evolução. Durante a invocação, o praticante pede a Saint Germain que o auxilie na transmutação de suas sombras, para que ele possa emergir como uma expressão mais pura e elevada de sua própria essência. Esse é um momento de entrega total, onde o praticante aceita deixar para trás o que já não ressoa com sua jornada de crescimento.

Após a invocação, o praticante deve permanecer em silêncio, permitindo que a energia do Sétimo Raio e a presença de Saint Germain o envolvam completamente. Ele pode sentir uma leveza, uma sensação de liberdade ou uma paz profunda, como se estivesse liberando antigos pesos e fardos. Esse momento de introspecção é uma oportunidade para que o praticante permita a transmutação de medos, mágoas e culpas, deixando que a chama violeta transforme esses sentimentos em luz. Durante esse estado de contemplação, o praticante pode sentir que está sendo renovado, como se uma nova energia estivesse sendo ancorada em seu ser.

Para ancorar a energia do Sétimo Raio, o praticante pode recitar uma afirmação que fortaleça o compromisso com a transformação e com a liberdade espiritual. Uma afirmação poderosa para esse ritual é: "Eu sou a Chama Violeta em ação. Eu transmuto toda a energia que já não serve ao meu propósito e renasço em paz e liberdade." Ao recitar essa afirmação, o praticante solidifica a experiência do raio em seu campo energético, reforçando a intenção de viver como um ser renovado e livre. Esse encerramento é uma forma de gratidão e de aceitação da própria transformação, onde o praticante se compromete a honrar a nova energia que integra.

Esse ritual de conexão com o Sétimo Raio pode ser repetido sempre que o praticante sentir a necessidade de renovar-se, de limpar seu campo energético ou de transmutar padrões limitantes. Cada prática fortalece a conexão com o raio e com o Mestre Saint Germain, ajudando o praticante a tornar-se um agente de transformação. Com o tempo, ele perceberá que a energia do Sétimo Raio começa a se manifestar em sua vida de maneira espontânea, promovendo a mudança e a liberdade interior sempre que necessário.

O Sétimo Raio ensina que a verdadeira liberdade é o resultado da purificação e da transcendência. Ele nos lembra que a vida é um processo constante de transformação e que cada experiência, por mais desafiadora que seja, é uma oportunidade para crescer e evoluir. Sob a influência do Sétimo Raio, o praticante aprende a acolher as mudanças e a desapegar-se do que já cumpriu seu papel, permitindo que a luz da transmutação o guie em sua jornada. O Sétimo Raio é, assim, um convite para que o praticante viva como um ser livre, que aceita o fluxo natural da vida e que utiliza cada experiência para alcançar a paz interior.

Mestre Saint Germain, como guardião desse raio, inspira o praticante a viver com coragem e disposição para mudar. Ele ensina que o poder da Chama Violeta é capaz de transformar qualquer situação e que, ao utilizá-la, o praticante se torna um cocriador de sua realidade. O Sétimo Raio fortalece o compromisso com a liberdade espiritual, incentivando o praticante a transmutar qualquer energia que o afaste de sua essência divina. Esse raio encoraja a busca pela autossuperação, pela verdade e pela paz, promovendo uma vida em harmonia com o propósito superior.

Além de promover a transformação, o Sétimo Raio atua como uma fonte de cura para os traumas e bloqueios do passado. Ao trabalhar com essa energia, o praticante encontra o poder de perdoar a si mesmo e aos outros, liberando-se das correntes emocionais que o prendem. Cada vez que o praticante se conecta com o Sétimo Raio, ele experimenta uma libertação que renova sua alma e restaura sua paz interior. Esse processo de transmutação permite que o praticante avance em sua jornada com leveza e confiança, sem os pesos que o limitavam anteriormente.

A prática constante do ritual do Sétimo Raio permite que o praticante se torne um canal de transformação e de luz, alguém que inspira a mudança e que irradia liberdade onde quer que esteja. A energia da transmutação ilumina seu caminho, guiando-o para escolhas que refletem sua alma purificada e elevada. O Sétimo Raio torna-se, assim, uma fonte constante de renovação, uma presença que o acompanha e que o ajuda a viver em paz com o fluxo da vida, sempre disposto a transformar-se e a crescer.

Ao finalizar o ritual, o praticante expressa sua gratidão ao Mestre Saint Germain e à chama violeta, sentindo-se renovado e em sintonia com a liberdade espiritual. Ele compreende que essa chama continuará a arder em seu interior, pronta para auxiliá-lo em qualquer momento de sua jornada. A conexão com o Sétimo Raio revela que a verdadeira liberdade é viver como uma expressão da luz divina, utilizando o poder da transmutação para superar obstáculos e para manifestar o amor e a paz em todas as áreas de sua vida.

Capítulo 18
Meditação e a Alquimia Interior

A prática da meditação é uma das ferramentas mais antigas e poderosas para a transformação interior. Na senda espiritual, a meditação é mais do que um exercício de quietude; é uma jornada de autoexploração e alquimia interna, onde o ser humano busca transcender a mente racional para conectar-se com sua essência mais profunda. A alquimia interior, por sua vez, é o processo de transmutação das energias densas, das sombras e dos padrões limitantes em luz, paz e sabedoria. Através dessa prática, o ser humano se torna um alquimista de sua própria consciência, aprendendo a dissolver o que o aprisiona e a descobrir o poder transformador que reside em seu próprio interior.

A alquimia espiritual é um processo de autoconhecimento e elevação. No caminho da Fraternidade Branca, essa prática é considerada essencial, pois é através dela que a alma se liberta das ilusões e das limitações impostas pelo ego e pelo medo. Através da meditação e da alquimia interior, o praticante trabalha na transformação de seu próprio ser, transmutando suas fraquezas em virtudes, sua ignorância em sabedoria e seu apego em liberdade. Essa jornada interior é um processo contínuo, que permite ao praticante experimentar estados cada vez mais elevados de consciência, onde o amor e a paz tornam-se a base de sua experiência de vida.

Para iniciar a prática da alquimia interior, é necessário que o praticante adote a postura de um verdadeiro buscador, alguém que está disposto a confrontar e a transformar tudo o que o afasta de sua essência divina. Essa prática requer disciplina e entrega, pois é através do esforço e da perseverança que a alma se purifica e eleva. A meditação, quando feita com constância e dedicação, torna-se um espelho da própria consciência, revelando aspectos que precisam de cura e transformação, e permitindo que a luz interior brilhe com mais intensidade e clareza.

Para praticar a meditação da alquimia interior, o praticante deve encontrar um local tranquilo onde possa concentrar-se e estar livre de distrações. É recomendável que ele escolha um horário em que possa dedicar alguns minutos exclusivamente a essa prática, sem interrupções. O ambiente deve ser acolhedor e, se possível, enriquecido com objetos que ajudem a criar uma atmosfera de paz e introspecção, como velas, incenso ou cristais. A prática começa com alguns minutos de respiração profunda, onde o praticante inspira e expira lentamente, permitindo que seu corpo e sua mente relaxem e se acalmem.

Com os olhos fechados, o praticante deve concentrar-se no centro do peito, na região do coração, visualizando uma chama branca ou dourada que arde suavemente. Essa chama representa sua própria essência divina, uma luz pura e imutável que reside em seu interior. À medida que o praticante se concentra nessa chama, ele deve permitir que sua mente se acalme, deixando de lado os pensamentos e as preocupações, e entregando-se totalmente ao momento presente. Essa visualização inicial é um convite para que o praticante se conecte com sua essência e permita que a luz interior comece a expandir-se e a iluminar todas as partes de seu ser.

Uma vez estabelecida a conexão com a chama interior, o praticante deve começar a observar seus pensamentos e sentimentos, sem julgá-los ou reprimi-los. Essa observação neutra é fundamental para a alquimia interior, pois permite que o praticante tome consciência das energias e dos padrões que precisam ser transformados. Se surgirem sentimentos de medo, de raiva, de tristeza ou de apego, o praticante deve acolhê-los como parte do processo, reconhecendo-os como aspectos que estão sendo revelados para que possam ser curados. Esse é um momento de sinceridade e de entrega, onde o praticante aceita confrontar suas próprias sombras para transformá-las.

Durante essa fase de observação, o praticante deve manter o foco na chama interior, visualizando que cada emoção ou pensamento negativo é dissolvido e transmutado por essa luz. Ele pode imaginar que essas energias densas são como sombras que, ao serem tocadas pela chama, se transformam em luz e desaparecem. Essa visualização é uma forma de trabalhar com a transmutação das energias, permitindo que tudo o que é pesado e limitante seja transformado em amor e em paz. À medida que o praticante pratica essa visualização, ele percebe que, gradualmente, vai se sentindo mais leve e mais em paz, como se estivesse libertando-se de um peso invisível.

A prática da alquimia interior pode ser intensificada através de afirmações ou mantras que reforcem a intenção de cura e de elevação. Uma afirmação poderosa para essa prática é: "Eu sou a luz divina em transformação. Tudo o que não serve ao meu propósito mais elevado é transmutado em paz e em sabedoria." Ao repetir essa afirmação em silêncio, o praticante fortalece sua conexão com a chama interior e intensifica o processo de purificação e de transmutação, ancorando a energia da alquimia em seu campo energético.

Para encerrar a prática, o praticante deve agradecer a si mesmo pela dedicação e à luz divina por guiá-lo no caminho da transformação. Ele pode visualizar que a chama interior, agora mais brilhante e intensa, permanece acesa em seu coração, pronta para auxiliá-lo em sua jornada de autoconhecimento e elevação. Esse momento final de gratidão consolida a prática, deixando o praticante em um estado de paz e de conexão com sua própria essência. Ele percebe que, através da alquimia interior, ele pode transformar suas limitações em fontes de poder e sua sombra em uma fonte de luz.

A prática regular da meditação e da alquimia interior permite ao praticante desenvolver uma conexão mais profunda com seu Eu Superior, fortalecendo sua capacidade de lidar com as dificuldades e de superar as limitações. Essa prática promove uma purificação constante, onde o ser humano vai se libertando de padrões antigos e de emoções densas, elevando sua frequência e sua consciência. Com o tempo, o praticante percebe que sua vida se torna mais harmoniosa e equilibrada, pois ele passa a viver em alinhamento com sua verdadeira essência, que é luz, paz e sabedoria.

A alquimia interior é um caminho para a libertação. Ao aprender a transformar suas emoções e a purificar seus pensamentos, o praticante encontra o poder de criar uma realidade mais positiva e de viver de acordo com seu propósito espiritual. Essa prática fortalece o compromisso com o autoconhecimento e com o crescimento interior, permitindo que o praticante alcance novos níveis de consciência e de realização. Através da alquimia espiritual, ele descobre que sua essência divina é sua maior força e que, ao viver em harmonia com essa verdade, ele se torna um canal de luz para o mundo.

Essa prática de meditação também ensina ao praticante que o verdadeiro poder da transformação está dentro de si. A chama interior é uma presença constante, uma fonte de amor e de paz que sempre pode ser acessada. Ao desenvolver essa conexão, o praticante aprende a enfrentar qualquer situação com serenidade e confiança, sabendo que a luz divina o guiará em todos os momentos. A alquimia interior, portanto, é uma jornada de autossuperação, onde o ser humano aprende a transformar seus desafios em oportunidades de crescimento e suas sombras em uma fonte de sabedoria.

Ao finalizar a prática, o praticante sente-se em paz, consciente de que cada vez que retorna a essa meditação, ele se aproxima mais de sua verdadeira essência. A alquimia interior revela que a verdadeira transformação acontece dentro de cada um, e que, ao permitir que sua luz brilhe, o praticante contribui para a elevação de todo o universo. Ele percebe que, ao viver de acordo com sua essência, ele se torna um exemplo de paz e de harmonia, irradiando essa energia para todos ao seu redor. A prática da alquimia espiritual transforma não apenas o praticante, mas também o mundo, pois cada ser iluminado se torna um farol de luz, guiando outros em sua jornada de evolução.

Capítulo 19
A Invocação da Chama Violeta

A Chama Violeta é conhecida como uma das ferramentas mais poderosas para a purificação e a transformação espiritual. Ela representa a essência do Sétimo Raio, um fogo sagrado que tem a capacidade de transmutar energias densas, curar mágoas profundas e elevar a vibração do ser humano. Trabalhar com a Chama Violeta é mergulhar em um processo de renovação, onde tudo o que não serve mais ao propósito da alma é purificado e dissolvido. Essa energia transmutadora é um convite para quem busca libertar-se de padrões limitantes, de vínculos cármicos e de emoções que pesam sobre o espírito, trazendo à tona a liberdade, a paz e a leveza.

O Mestre Saint Germain, guardião do Sétimo Raio, é também o guia espiritual da Chama Violeta. Com sua sabedoria e profundo conhecimento da alquimia espiritual, Saint Germain ensina que a verdadeira transmutação começa na alma, onde reside a origem de todos os pensamentos, emoções e ações. Ele inspira aqueles que trabalham com a Chama Violeta a acreditarem na possibilidade de transformação e a compreenderem que toda limitação pode ser superada. Saint Germain apresenta a Chama Violeta como um fogo que purifica, mas também como um manto protetor, uma luz que envolve e que traz consigo uma sensação de renovação e de esperança.

A invocação da Chama Violeta é um ato de entrega e de confiança na capacidade de transformação. Esse ritual tem como objetivo limpar o campo energético do praticante, dissolvendo padrões e energias acumuladas ao longo do tempo, e promovendo uma renovação profunda em seu ser. Através da prática com a Chama Violeta, o praticante se conecta com o poder transmutador do Sétimo Raio, despertando em si o desejo de viver com mais leveza e autenticidade. Essa prática é ideal para momentos em que o praticante sente-se preso a emoções densas ou precisa de uma libertação espiritual.

Para iniciar a prática, o praticante deve encontrar um espaço calmo e confortável onde possa relaxar e concentrar-se sem distrações. A cor violeta é essencial para a criação de um ambiente que ressoe com a energia da Chama Violeta; o praticante pode vestir-se de roxo, acender uma vela violeta ou colocar um cristal ametista próximo a si. A preparação começa com uma respiração profunda e consciente, onde o praticante inspira luz e paz, e expira qualquer tensão ou preocupação. Esse momento inicial de relaxamento permite que o corpo e a mente se acalmem, criando um estado de receptividade e entrega.

Com os olhos fechados, o praticante visualiza uma chama violeta intensa surgindo no centro de seu peito, irradiando-se com força e clareza. Essa chama representa o fogo transmutador da Chama Violeta, uma energia que dissolve e purifica tudo o que encontra pelo caminho. À medida que o praticante se concentra nessa chama, ele a vê se expandir, envolvendo todo o seu corpo e preenchendo seu campo energético. A chama violeta atua como uma luz que ilumina e transforma, tocando cada parte do ser e dissolvendo quaisquer bloqueios ou sombras. Esse é um momento de entrega, onde o praticante permite que a chama atue livremente, sem resistência.

Ao estabelecer a visualização da Chama Violeta, o praticante deve invocar o Mestre Saint Germain, pedindo sua orientação e apoio no processo de transmutação e purificação. A invocação pode ser feita em silêncio ou em voz baixa, com palavras que reflitam o desejo de libertar-se de padrões limitantes e de viver com mais leveza e liberdade. Durante a invocação, o praticante pede a Saint Germain que o ajude a dissolver as energias negativas e as amarras cármicas, permitindo que ele renasça espiritualmente. Esse é um momento de profunda entrega e de confiança, onde o praticante aceita deixar para trás tudo o que o limita e o impede de viver em sua plenitude.

Após a invocação, o praticante deve permanecer em silêncio, permitindo que a energia da Chama Violeta o envolva completamente. Ele pode sentir uma leveza, uma sensação de alívio ou uma paz profunda, como se estivesse sendo liberado de antigas amarras. Durante esse estado de introspecção, o praticante pode perceber que está sendo curado, que antigos traumas e mágoas estão sendo dissolvidos e que seu campo energético está sendo purificado. Esse é o poder da Chama Violeta em ação, uma força que transforma o velho em novo e que liberta a alma para experimentar a paz verdadeira.

Para ancorar a energia da Chama Violeta em sua vida, o praticante pode recitar uma afirmação que represente a intenção do ritual. Uma afirmação poderosa para essa prática é: "Eu sou a Chama Violeta, o fogo sagrado em ação. Eu transcendo e libero tudo o que me limita e renasço em paz e liberdade." Ao recitar essa afirmação, o praticante solidifica a experiência da Chama Violeta em seu campo energético, ancorando a transmutação e a purificação em sua consciência. Esse encerramento é uma forma de gratidão e de reafirmação do propósito, onde o praticante se compromete a viver como uma expressão de luz e de liberdade.

A invocação da Chama Violeta pode ser repetida sempre que o praticante sentir a necessidade de purificar seu campo energético ou de transmutar padrões que o afligem. A prática constante fortalece a conexão com o raio e com o Mestre Saint Germain, tornando a Chama Violeta uma presença constante em sua vida. Com o tempo, o praticante perceberá que a energia da Chama Violeta começa a atuar de maneira espontânea, promovendo a transformação sempre que necessário e trazendo mais paz e harmonia para seu cotidiano.

A Chama Violeta ensina que a verdadeira transmutação é o processo pelo qual a alma se liberta das sombras e redescobre sua essência divina. Ela nos lembra que, ao nos entregarmos à purificação, nos tornamos uma expressão viva da liberdade e do amor. Sob a influência da Chama Violeta, o praticante aprende a ver cada desafio como uma oportunidade de transformação, de crescimento e de evolução. Esse é um caminho de libertação espiritual, onde as dores e os traumas são transmutados em lições de sabedoria e de compaixão.

Mestre Saint Germain, como guardião da Chama Violeta, inspira o praticante a confiar em sua própria capacidade de transformação. Ele ensina que a Chama Violeta é uma força que não apenas purifica, mas que também fortalece e eleva a alma. O trabalho com essa chama traz uma renovação profunda, onde o praticante descobre que a verdadeira liberdade está em viver em harmonia com sua essência. O poder da Chama Violeta encoraja o praticante a enfrentar seus medos e a dissolver as energias que o afastam de sua luz interior.

Além de promover a transmutação, a Chama Violeta é uma energia de cura, especialmente eficaz para dissolver traumas e bloqueios emocionais. Ao trabalhar com essa chama, o praticante encontra o poder de perdoar a si mesmo e aos outros, liberando-se de ressentimentos e dores do passado. Cada vez que o praticante se conecta com a Chama Violeta, ele experimenta uma liberação profunda, um renascimento que abre espaço para a paz e o amor incondicional.

A prática constante da invocação da Chama Violeta permite que o praticante se torne um canal de transmutação, alguém que irradia paz e que promove a transformação onde quer que esteja. A energia da liberdade espiritual ilumina seu caminho, guiando-o para escolhas que refletem a harmonia e a sabedoria divina. A Chama Violeta torna-se, assim, uma presença que o fortalece e o acompanha, ajudando-o a viver em paz com o fluxo da vida, sempre disposto a crescer e a transformar-se.

Ao encerrar o ritual, o praticante sente-se em comunhão com a força da transmutação, uma paz profunda que o conecta a todos os seres. Ele expressa gratidão ao Mestre Saint Germain e à Chama Violeta, sabendo que essa energia continuará a guiá-lo em sua jornada de purificação e de renovação. A conexão com a Chama Violeta revela que a verdadeira liberdade é viver como uma expressão da luz divina, utilizando o poder da transmutação para superar obstáculos e para manifestar o amor e a paz em todas as áreas de sua vida.

Capítulo 20
Ritual de Proteção Espiritual

O ritual de proteção espiritual é uma prática essencial para aqueles que buscam manter sua paz e equilíbrio em um mundo repleto de energias variadas. A proteção espiritual não se trata apenas de afastar influências negativas; é um ato de fortalecer o campo energético pessoal, criando uma barreira de luz que preserva a harmonia interior e resguarda o espírito de interferências externas. Através desse ritual, o praticante não apenas cria uma defesa contra as energias indesejadas, mas também reforça sua própria conexão com o divino, tornando-se um canal mais claro para a luz e a paz que fluem da Fraternidade Branca.

Os Mestres Ascensos da Fraternidade Branca nos ensinam que a proteção espiritual é um estado que pode ser cultivado constantemente. Para eles, estar protegido espiritualmente é estar alinhado com as frequências mais elevadas de amor e luz, uma sintonia que naturalmente repele o que não ressoa com essa vibração. O ritual de proteção espiritual é, portanto, uma prática de elevação da própria frequência, onde o praticante cria ao seu redor um campo de energia pura e luminosa que serve de escudo, nutrindo e preservando sua paz interior.

Esse ritual é especialmente benéfico em momentos de transição, quando se enfrenta desafios emocionais, ou antes de situações que possam envolver muitas energias diferentes, como reuniões, eventos ou lugares movimentados. A prática cria uma armadura de luz que fortalece o praticante, tornando-o menos vulnerável às energias externas e mais centrado em sua própria força. Ao realizar esse ritual, o praticante invoca a presença protetora dos Mestres Ascensos, pedindo que o auxiliem na criação de um escudo que proteja seu campo energético de influências que possam perturbar sua serenidade e equilíbrio.

Para iniciar o ritual de proteção espiritual, o praticante deve escolher um local tranquilo onde possa se concentrar sem interrupções. Acender uma vela branca ou azul ajuda a criar uma atmosfera de paz e proteção, já que essas cores simbolizam a pureza e a força divina. A prática começa com alguns minutos de respiração profunda e consciente, onde o praticante inspira luz e paz, e expira qualquer tensão ou preocupação. Esse processo inicial ajuda a purificar a mente e o corpo, preparando o terreno para a criação do escudo protetor.

Com os olhos fechados, o praticante deve visualizar uma luz branca intensa que surge no centro de seu coração, irradiando-se e formando um campo luminoso ao seu redor. Esse campo de luz é sua proteção espiritual, uma energia pura e impenetrável que envolve seu corpo físico e espiritual. À medida que o praticante se concentra nessa luz, ele deve permitir que ela se expanda, criando uma esfera de proteção que o cerca completamente. Essa esfera é o escudo que o resguarda, uma barreira de luz que impede a entrada de qualquer energia ou influência negativa.

Para fortalecer essa visualização, o praticante pode invocar o Arcanjo Miguel, conhecido como o protetor divino e guardião da luz. Miguel é um ser de poder e compaixão, que auxilia aqueles que buscam proteção espiritual, trazendo consigo uma espada de luz e um escudo de pureza que afastam toda forma de negatividade. Ao invocar o Arcanjo Miguel, o praticante pede sua presença para fortalecer a proteção, criando um escudo de luz que o resguarda de qualquer influência densa. Essa invocação pode ser feita em voz baixa ou em silêncio, com palavras de confiança e entrega.

Durante a invocação, o praticante pode pedir ao Arcanjo Miguel que o envolva em sua luz azulada, uma luz de força e proteção que intensifica a energia do escudo. Ele pode visualizar essa luz azul descendo sobre sua esfera de proteção, reforçando-a e tornando-a ainda mais luminosa e impenetrável. O praticante deve permanecer nesse estado de concentração e visualização por alguns minutos, permitindo que o campo de luz ao seu redor se estabilize e fortaleça. Esse momento de introspecção é uma oportunidade para sentir a segurança e a paz que emanam dessa proteção espiritual, uma presença reconfortante que o mantém em harmonia.

Para ancorar essa proteção, o praticante pode recitar uma afirmação que fortaleça seu escudo de luz. Uma afirmação poderosa para esse ritual é: "Estou cercado pela luz divina. Nada que não seja amor e paz pode penetrar esse escudo. Estou em segurança e em harmonia com o divino." Ao recitar essa afirmação, o praticante solidifica sua proteção espiritual, criando uma barreira que o acompanha e que permanece ativa ao longo do dia. Essa afirmação também reforça a intenção do ritual, afirmando que o praticante está em sintonia com as forças mais elevadas e que nada pode perturbar seu estado de paz interior.

Esse ritual de proteção espiritual pode ser repetido sempre que o praticante sentir necessidade de fortalecer sua barreira energética, especialmente em situações que possam envolver emoções intensas ou ambientes densos. A prática regular do ritual não apenas protege o praticante, mas também aumenta sua resiliência e sua capacidade de manter-se equilibrado em meio a desafios. Com o tempo, ele perceberá que a energia do escudo de proteção começa a agir de maneira automática, criando uma defesa constante e uma sensação de segurança em qualquer circunstância.

A proteção espiritual ensina que, ao manter uma conexão constante com a luz, tornamo-nos menos vulneráveis às influências externas. Esse ritual é, portanto, mais do que uma prática de defesa; é uma maneira de fortalecer a paz e a luz que residem em nosso interior. Sob a influência dessa prática, o praticante aprende que a verdadeira proteção vem da harmonia com o divino e que, ao elevar sua frequência, ele naturalmente repele o que não ressoa com sua energia. Esse é o poder da luz, uma força que dissolve e transforma, criando um espaço de segurança e serenidade.

O Arcanjo Miguel, como guardião da proteção espiritual, inspira o praticante a viver com coragem e confiança. Ele ensina que, ao invocar a proteção divina, o ser humano torna-se mais consciente de sua própria luz e força. Miguel lembra que a proteção espiritual não é um escudo de isolamento, mas uma barreira de paz que permite ao praticante interagir com o mundo de maneira autêntica e segura. Esse ritual fortalece o compromisso com o equilíbrio e com a harmonia, incentivando o praticante a viver de acordo com sua verdade, sem temer as influências externas.

Além de promover a proteção, esse ritual também ajuda o praticante a cultivar um estado de paz constante, uma paz que não depende das circunstâncias externas. Ao trabalhar com essa energia, o praticante descobre que sua verdadeira força vem de dentro e que, ao nutrir essa paz interior, ele cria uma base sólida que o sustenta em qualquer situação. Cada vez que o praticante se conecta com o escudo de luz, ele reforça sua conexão com o divino, tornando-se mais seguro e mais centrado.

A prática constante do ritual de proteção espiritual permite que o praticante viva com mais serenidade e confiança, sabendo que está sempre resguardado e fortalecido pela luz. Esse escudo de proteção o acompanha, guiando-o para escolhas mais conscientes e para relacionamentos mais harmoniosos. A proteção espiritual torna-se, assim, uma presença constante em sua vida, ajudando-o a navegar pelo mundo com equilíbrio e segurança.

Ao encerrar o ritual, o praticante agradece ao Arcanjo Miguel e à luz divina por sua presença e proteção. Ele sente-se em paz, consciente de que seu escudo espiritual permanecerá ativo e o protegerá em todos os momentos. A conexão com a proteção espiritual revela que, ao cultivar a luz interior, o praticante torna-se um farol de paz, irradiando segurança e serenidade para todos ao seu redor.

Capítulo 21
Prática de Gratidão e Serviço à Humanidade

A prática da gratidão e o serviço altruísta à humanidade são fundamentais para a jornada espiritual, pois ambos representam a expressão do amor e da compaixão em sua forma mais pura. A gratidão é mais do que um sentimento passageiro; é uma prática consciente que transforma a percepção da vida, promovendo um profundo alinhamento com o divino. Ela permite que o praticante reconheça a presença da luz e das bênçãos em todas as experiências, até mesmo nos desafios, e desenvolva um olhar de reconhecimento pela abundância e pelas oportunidades de aprendizado que cada momento oferece. Servir à humanidade, por sua vez, é a maneira prática de manifestar essa gratidão, tornando-a uma ação que beneficia o mundo ao redor e fortalece o propósito da própria alma.

Os Mestres Ascensos ensinam que a gratidão e o serviço são caminhos que conduzem à expansão da consciência e à purificação do ego. A prática da gratidão dissolve sentimentos de escassez, de medo e de insegurança, substituindo-os pela confiança no fluxo divino que rege o universo. Da mesma forma, o serviço altruísta promove a elevação espiritual, pois, ao agir em benefício do próximo, o praticante se conecta com as qualidades de compaixão e de generosidade que são naturais à alma. Essas práticas são ferramentas poderosas que ajudam o praticante a elevar-se e a sintonizar-se com a missão de luz da Fraternidade Branca, que valoriza e incentiva o serviço desinteressado como uma forma de desenvolvimento e de contribuição para a paz universal.

Para cultivar a prática da gratidão, o praticante deve desenvolver o hábito de reconhecer diariamente as bênçãos em sua vida. Isso pode ser feito através de reflexões diárias, onde ele reserva alguns momentos para lembrar-se das pequenas e grandes dádivas que recebeu ao longo do dia. Ele pode começar agradecendo pelas necessidades básicas supridas, como o alimento e o abrigo, e expandir esse reconhecimento para experiências e interações que proporcionaram crescimento, alegria ou aprendizado. A gratidão, quando praticada com regularidade, abre o coração e transforma a visão de mundo, tornando a vida mais harmoniosa e leve.

Um exercício poderoso para intensificar a prática da gratidão é o "diário de gratidão". O praticante pode reservar alguns minutos à noite para escrever em um caderno sobre três coisas pelas quais se sente grato naquele dia. Esse simples ato permite que ele reflita sobre suas experiências com profundidade e reconheça as bênçãos ocultas em cada situação, mesmo naquelas que pareceram desafiadoras à primeira vista. Com o tempo, o diário de gratidão torna-se uma ferramenta de transformação, ajudando o praticante a manter uma visão positiva e a cultivar um estado de paz e de satisfação interior.

A prática do serviço altruísta é uma extensão natural da gratidão, pois, ao reconhecer a abundância em sua vida, o praticante sente o desejo de compartilhar essa energia com os outros. O serviço pode ser oferecido de inúmeras formas, desde pequenas ações diárias até atividades organizadas em prol de causas maiores. O importante é que ele seja feito com sinceridade e sem esperar recompensas, pois é na pureza dessa intenção que reside o verdadeiro poder transformador do serviço. O praticante pode escolher maneiras de servir que estejam alinhadas com seus talentos e com suas possibilidades, seja oferecendo apoio a alguém em necessidade, seja participando de atividades comunitárias ou realizando doações.

Os Mestres Ascensos enfatizam que o serviço altruísta é uma forma de cura espiritual, tanto para quem o pratica quanto para quem o recebe. Ao servir, o praticante experimenta a alegria e o sentido de propósito que nascem do ato de fazer o bem, de tornar-se uma fonte de luz e de paz para o mundo ao redor. O serviço altruísta dissolve as barreiras do ego e promove a integração com o todo, permitindo que o praticante compreenda sua conexão com a humanidade e com o universo. Esse entendimento gera um sentimento de unidade e de amor que vai além das palavras, elevando a vibração do praticante e fortalecendo sua conexão com o divino.

Para realizar uma prática de serviço com propósito, o praticante pode começar definindo uma intenção sincera de contribuir para o bem-estar dos outros. Ele pode fazer uma breve meditação antes de iniciar sua atividade, pedindo que a energia do amor e da compaixão flua através dele e alcance todos aqueles com quem ele interagir. Ao fazer isso, o praticante torna-se um canal da luz, permitindo que a energia da Fraternidade Branca se expresse através de suas ações. Cada gesto, por menor que pareça, carrega o poder de iluminar o dia de alguém, de inspirar confiança e de promover a paz.

Outro aspecto importante do serviço altruísta é o desapego, pois o praticante deve realizar suas ações sem esperar reconhecimento ou retorno. O verdadeiro serviço é aquele que é oferecido com a intenção de aliviar o sofrimento e de promover o bem-estar, independentemente do resultado. Esse desapego purifica o coração e fortalece a humildade, qualidades que são essenciais para o crescimento espiritual. Os Mestres Ascensos ensinam que o serviço desinteressado é um dos caminhos mais eficazes para a elevação da consciência, pois ele permite que o praticante transcenda o ego e se alinhe com o propósito maior de sua alma.

Para reforçar a prática da gratidão e do serviço, o praticante pode recitar uma afirmação que expresse seu compromisso com esses valores. Uma afirmação poderosa para esse propósito é: "Eu sou grato por todas as bênçãos em minha vida. Eu sirvo ao mundo com amor e compaixão, e sou um canal de luz para todos ao meu redor." Ao recitar essa afirmação, o praticante solidifica sua intenção de viver em harmonia com o fluxo divino, reconhecendo a importância de ser grato e de compartilhar essa abundância com os outros. Essa afirmação também serve como um lembrete de que, ao servir, o praticante está colaborando para a criação de um mundo mais justo e compassivo.

A prática constante da gratidão e do serviço à humanidade transforma o praticante, tornando-o mais consciente de seu papel na construção da paz e da harmonia. Ao cultivar a gratidão, ele descobre uma fonte inesgotável de alegria e de serenidade, percebendo que a vida é um presente e que cada experiência traz consigo uma oportunidade de aprendizado. Da mesma forma, o serviço altruísta fortalece sua conexão com o divino, pois ele se torna um canal da luz e do amor, contribuindo para a elevação espiritual da humanidade e para a paz universal.

A Fraternidade Branca ensina que, ao praticar a gratidão e o serviço, o praticante torna-se um guardião da luz, alguém que age em prol do bem maior e que irradia amor e paz onde quer que esteja. Essas práticas são uma extensão dos ensinamentos dos Mestres Ascensos, que viveram suas vidas dedicadas ao bem comum, guiados pelo amor e pela compaixão. Ao seguir esses passos, o praticante contribui para a criação de uma nova realidade, onde a gratidão e o serviço se tornam pilares de uma sociedade mais elevada e harmoniosa.

Ao finalizar essa prática, o praticante sente-se em comunhão com o todo, grato por todas as experiências que o enriqueceram e pelo amor que ele tem a oportunidade de compartilhar. Ele percebe que a gratidão e o serviço não são apenas atos pontuais, mas um modo de vida, um caminho de elevação que o aproxima de sua própria essência divina. Ele compreende que, ao viver de acordo com esses valores, ele está contribuindo para a paz e a harmonia de toda a humanidade, cumprindo, assim, sua missão ao lado da Fraternidade Branca.

Capítulo 22
Sintonização com o Eu Superior

A sintonização com o Eu Superior é uma prática que eleva o ser humano a um nível de consciência onde ele pode acessar a sabedoria mais profunda e a orientação espiritual que residem dentro de si. O Eu Superior é a essência espiritual de cada pessoa, uma centelha divina que guarda a verdade, o propósito e a luz que guiam a jornada da alma. Esse aspecto elevado do ser transcende as limitações da mente e do ego, oferecendo uma perspectiva mais ampla e serena sobre a vida. Sintonizar-se com o Eu Superior é, portanto, conectar-se com a própria divindade, descobrindo uma fonte de paz e clareza que está sempre disponível.

Os Mestres Ascensos ensinam que o Eu Superior é um elo direto com o divino, uma presença que nunca se separa da alma, mas que, muitas vezes, permanece velada pela agitação da mente e pelas preocupações do mundo material. Essa conexão pode ser fortalecida através de práticas que silenciem a mente e elevem a frequência energética, permitindo que o praticante escute a voz da intuição e sinta a paz que emana de sua essência espiritual. A prática da sintonização com o Eu Superior é um convite ao autoconhecimento e à expansão da consciência, pois ao ouvir a voz desse eu mais elevado, o praticante encontra respostas e orientações que promovem sua evolução e sua harmonia.

Para iniciar a prática de sintonização com o Eu Superior, o praticante deve escolher um ambiente tranquilo onde possa relaxar e se concentrar sem distrações. É recomendável que ele acenda uma vela branca ou um incenso suave, criando uma atmosfera de paz que favoreça o estado de receptividade. O ritual começa com uma série de respirações lentas e profundas, onde o praticante inspira paz e expira qualquer tensão ou preocupação. Esse processo inicial ajuda a mente a se acalmar e o corpo a relaxar, criando um espaço interno de silêncio e serenidade, essencial para a conexão com o Eu Superior.

Com os olhos fechados, o praticante deve visualizar uma luz dourada no centro de sua testa, irradiando-se do ponto entre as sobrancelhas, que é conhecido como o terceiro olho. Essa luz dourada representa o Eu Superior, uma presença serena e amorosa que guia e ilumina o caminho da alma. À medida que o praticante foca nessa luz, ele deve permitir que ela se expanda e envolva todo o seu corpo, criando um campo luminoso que o conecta à sua própria essência divina. Essa visualização é uma forma de abrir o canal de comunicação com o Eu Superior, permitindo que a sabedoria e a paz se manifestem na consciência.

Ao estabelecer essa visualização, o praticante deve expressar a intenção de conectar-se com seu Eu Superior, pedindo orientação e clareza sobre sua vida e seu propósito. Essa intenção pode ser expressa em silêncio ou em voz baixa, com palavras sinceras que reflitam o desejo de ouvir a verdade interior e de viver em harmonia com o próprio propósito. Durante essa invocação, o praticante deve se manter em um estado de abertura e de receptividade, confiando que o Eu Superior sempre responde de forma amorosa e sutil, muitas vezes por meio de intuições, sentimentos de paz ou insights que surgem de maneira espontânea.

Após a invocação, o praticante deve permanecer em silêncio, permitindo que o Eu Superior se manifeste. Ele pode experimentar uma sensação de paz, uma leveza interior ou uma percepção ampliada da realidade. Esse estado de contemplação é um momento de comunhão profunda, onde o praticante começa a sentir que está em sintonia com algo maior, algo que transcende suas preocupações diárias e que o conecta ao propósito universal. Durante essa conexão, ele pode receber orientações e respostas para questões que estavam em sua mente, ou pode simplesmente sentir um bem-estar que o conforta e o fortalece.

Para ancorar a conexão com o Eu Superior, o praticante pode recitar uma afirmação que expresse a intenção de viver em sintonia com sua essência divina. Uma afirmação poderosa para esse propósito é: "Eu sou uno com meu Eu Superior. A sabedoria divina me guia, e eu vivo em paz e harmonia com meu propósito." Ao recitar essa afirmação, o praticante solidifica a conexão com seu Eu Superior, reforçando a intenção de manter-se receptivo à sabedoria e à paz que essa presença oferece. Essa afirmação também serve como um lembrete de que o Eu Superior está sempre presente e disponível para guiar e proteger.

A prática de sintonização com o Eu Superior pode ser repetida sempre que o praticante desejar orientação ou estiver em busca de paz e clareza. Com o tempo e a prática regular, ele perceberá que essa conexão se torna cada vez mais forte e natural, e que o Eu Superior começa a manifestar-se de forma mais constante em sua vida. Ele passa a viver de maneira mais intuitiva, tomando decisões e agindo de acordo com a verdade interior, o que lhe traz um senso de realização e de equilíbrio.

A sintonização com o Eu Superior ensina que a verdadeira sabedoria não está fora, mas dentro de cada ser. Ao ouvir a voz de sua essência divina, o praticante descobre que todas as respostas e todo o conhecimento de que precisa já residem em seu interior. O Eu Superior é um guia amoroso e paciente, que sempre conduz a alma pelo caminho da paz e da harmonia. Essa prática, portanto, é uma forma de fortalecer o compromisso com o próprio crescimento espiritual, permitindo que o praticante experimente a paz e a sabedoria que surgem quando ele se alinha com seu propósito maior.

Os Mestres Ascensos, que vivem em plena conexão com seus Eus Superiores, nos ensinam que esse é o caminho da autossuperação e da realização. Eles nos mostram que, ao seguir a orientação do Eu Superior, o ser humano descobre seu verdadeiro potencial e vive em harmonia com o universo. Ao sintonizar-se com o Eu Superior, o praticante abre-se para a luz e para o amor que sempre estiveram dentro dele, prontos para guiá-lo em sua jornada. Ele se torna mais consciente de seu propósito e da paz que é seu direito natural, percebendo que a verdadeira felicidade vem da conexão com sua própria essência divina.

Além de promover a clareza e a paz, a sintonização com o Eu Superior também ajuda o praticante a desenvolver uma perspectiva mais ampla e compassiva. Ao acessar a sabedoria do Eu Superior, ele compreende que todos os seres estão em sua própria jornada de evolução e que cada experiência, por mais desafiadora, traz um ensinamento valioso. Esse entendimento promove a paciência, o perdão e o amor incondicional, pois o praticante passa a ver a si mesmo e aos outros sob a luz da verdade e da unidade.

A prática constante da sintonização com o Eu Superior permite que o praticante viva de maneira mais alinhada com sua essência, tornando-se um exemplo de paz e de equilíbrio para aqueles ao seu redor. A presença do Eu Superior o guia em cada decisão e ação, ajudando-o a manifestar o propósito de sua alma e a contribuir para a harmonia do mundo. A sintonização com o Eu Superior torna-se, assim, uma fonte de inspiração e de força, uma presença constante que o acompanha e o apoia em todos os momentos.

Ao encerrar a prática, o praticante sente-se em comunhão com sua essência divina, uma paz profunda que o conecta a uma verdade superior. Ele agradece ao Eu Superior por sua orientação e pela luz que ilumina seu caminho, consciente de que essa presença sempre estará disponível para guiá-lo e protegê-lo. A conexão com o Eu Superior revela que, ao viver de acordo com sua verdade interior, o praticante se torna um canal de luz e de paz, irradiando essa energia para todos os aspectos de sua vida e contribuindo para a elevação espiritual de toda a humanidade.

Capítulo 23
Purificação e Elevação Energética

A prática de purificação e elevação energética é essencial para o fortalecimento espiritual e para a harmonização do campo energético. No caminho da Fraternidade Branca, essa prática não é apenas um processo de limpeza, mas um ato de renovação profunda que permite ao praticante elevar sua frequência e sintonizar-se com energias mais elevadas. Ao purificar-se, o ser humano dissolve as energias acumuladas, os padrões negativos e as influências externas que dificultam sua conexão com o divino. A elevação energética, por sua vez, é o ato de intensificar a própria luz, uma prática que nutre a alma e a alinha com as vibrações mais puras do universo.

Os Mestres Ascensos ensinam que o campo energético humano é como um espelho da própria consciência, refletindo a paz, a alegria, o amor ou, em contrapartida, as energias de medo e de apego. Através da prática de purificação e elevação, o praticante mantém seu campo energético em um estado de harmonia, cultivando a serenidade e a paz interior. A limpeza energética é uma forma de liberar cargas emocionais e mentais que se acumulam, permitindo que a luz e o amor fluam livremente pelo corpo e pela alma. A prática é uma renovação que traz leveza e clareza, ajudando o praticante a viver em consonância com seu propósito espiritual.

Para iniciar a prática de purificação e elevação energética, o praticante deve escolher um ambiente tranquilo, onde possa relaxar e concentrar-se. É recomendável que ele utilize objetos que promovam uma atmosfera de paz e pureza, como uma vela branca ou um cristal de quartzo transparente, símbolos de clareza e luz. A prática começa com uma respiração profunda, onde o praticante inspira luz e expira qualquer peso ou tensão. Esse processo inicial é fundamental para preparar o corpo e a mente para o processo de purificação, criando um espaço de calma e de receptividade à energia divina.

Com os olhos fechados, o praticante visualiza uma cascata de luz branca que desce do alto, como um chuveiro de energia purificadora, envolvendo todo o seu corpo e penetrando em cada célula. Essa luz representa a energia divina da purificação, uma presença radiante que dissolve toda densidade, medo e bloqueio. À medida que essa luz flui, o praticante sente que qualquer peso energético vai sendo liberado, e que seu campo de energia se torna mais leve e mais brilhante. Essa visualização é o primeiro passo para a purificação completa, permitindo que o praticante se liberte de energias que não ressoam com seu verdadeiro ser.

Durante a visualização, o praticante pode invocar a presença do Mestre Serapis Bey, o guardião da pureza e da elevação espiritual. Serapis Bey é um Mestre conhecido por seu compromisso com a disciplina e pela busca da perfeição espiritual, guiando aqueles que buscam a transformação e a pureza. Ao invocar Serapis Bey, o praticante pede auxílio para intensificar a luz em seu campo energético e para dissolver qualquer sombra que o afaste de seu estado natural de paz. A invocação pode ser feita em silêncio ou em voz baixa, com palavras de entrega e confiança na presença do Mestre e na sua capacidade de elevar a própria vibração.

Após a invocação, o praticante deve permanecer em silêncio, sentindo a presença de Serapis Bey e permitindo que a energia de purificação se intensifique. Nesse momento, ele pode experimentar uma sensação de leveza, uma clareza renovada ou uma paz profunda, como se seu corpo e mente fossem purificados de tudo o que é desnecessário. Esse estado de introspecção é uma oportunidade para sentir o próprio campo energético expandido, como se uma nova vibração de paz e de serenidade estivesse sendo integrada em seu ser. A presença de Serapis Bey fortalece a prática, ajudando o praticante a ancorar a pureza e a luz em sua consciência.

Para ancorar a energia de elevação, o praticante pode recitar uma afirmação que solidifique sua intenção de manter-se em um estado de pureza e paz. Uma afirmação poderosa para essa prática é: "Eu sou a luz pura e serena, livre de toda sombra. Meu ser é elevado pela energia divina, e eu irradio paz e harmonia." Ao recitar essa afirmação, o praticante reforça a experiência da elevação energética, comprometendo-se a manter seu campo em sintonia com as frequências mais elevadas. Essa afirmação também atua como um lembrete de que a luz interior é uma presença constante, sempre disponível para trazer paz e clareza.

Esse ritual de purificação e elevação energética pode ser repetido sempre que o praticante sentir necessidade de renovar-se ou de liberar energias acumuladas. A prática constante fortalece a capacidade do praticante de manter seu campo limpo e elevado, promovendo um estado de serenidade e de equilíbrio. Com o tempo, ele perceberá que sua energia se torna mais estável e que sua presença transmite paz e luz para aqueles ao seu redor. Esse é o poder da purificação e da elevação, uma prática que reflete a conexão com o divino e que manifesta a harmonia da alma.

A prática de purificação e elevação energética ensina que o ser humano é responsável por seu próprio estado energético e que, ao manter-se em sintonia com a luz, ele naturalmente repele tudo o que não ressoa com sua paz interior. Esse ritual é, portanto, mais do que uma prática de limpeza; é uma maneira de fortalecer a presença do Eu Superior e de cultivar um estado de harmonia que se reflete em todos os aspectos da vida. Sob a influência dessa prática, o praticante aprende a identificar e a dissolver as energias que o desequilibram, tornando-se cada vez mais consciente de sua própria luz.

Serapis Bey, como guardião da pureza, inspira o praticante a viver com um coração leve e livre de apegos, lembrando-o de que a verdadeira elevação ocorre quando a mente e o espírito estão em perfeita harmonia. Ele ensina que a disciplina espiritual é uma fonte de liberdade, pois é através dela que o ser humano transcende as limitações impostas pelo ego e se torna um canal puro da luz divina. O ritual de purificação e elevação fortalece o compromisso com a integridade espiritual, incentivando o praticante a viver de maneira autêntica e serena.

Além de promover a limpeza e a elevação, essa prática também ajuda o praticante a cultivar uma percepção mais elevada, onde ele se torna mais sensível às energias ao seu redor e aprende a discernir o que o nutre e o que o desequilibra. Esse discernimento é fundamental para a manutenção de um campo energético saudável e forte, que apoia o praticante em sua jornada de crescimento e autoconhecimento. Cada vez que o praticante se conecta com a luz da purificação, ele reafirma seu compromisso com a paz e a harmonia, criando um ambiente interno e externo onde a luz pode fluir livremente.

A prática constante da purificação e da elevação energética permite que o praticante viva em paz com sua própria essência, tornando-se um exemplo de serenidade e equilíbrio para os que o cercam. A presença da luz o guia em suas escolhas e ações, ajudando-o a manifestar seu propósito com clareza e determinação. A purificação e a elevação energética tornam-se, assim, uma fonte de força e de renovação, uma presença constante que o apoia e que o inspira a viver em alinhamento com sua verdade.

Ao encerrar a prática, o praticante sente-se renovado e em sintonia com a paz e a harmonia universais. Ele agradece a Serapis Bey e à luz divina por sua presença e apoio, consciente de que essa energia permanecerá com ele, protegendo e iluminando seu caminho. A conexão com a purificação e a elevação energética revela que, ao cultivar a paz interior, o praticante se torna um canal da luz divina, irradiando serenidade e amor para todos os aspectos de sua vida e contribuindo para a paz e a harmonia de todo o universo.

Capítulo 24
Oração e Afirmações de Luz

A oração e as afirmações de luz são práticas espirituais que fortalecem a conexão do ser humano com as energias elevadas e com os Mestres Ascensos. Através da oração, o praticante abre um canal direto com o divino, permitindo que a sabedoria, a paz e a proteção sejam ancoradas em sua vida. As afirmações de luz, por sua vez, são declarações de intenção que afirmam a presença da luz e do amor no campo energético, promovendo a elevação da frequência pessoal. Ambas as práticas são formas poderosas de transformar a mente e o coração, preparando o ser humano para receber e irradiar as qualidades divinas da paz, do amor e da sabedoria.

Os Mestres Ascensos ensinam que a oração é uma forma de diálogo sagrado, onde o ser humano se abre para a presença do divino, seja em busca de orientação, de conforto ou de gratidão. A oração não precisa de palavras complexas; sua força reside na sinceridade e na pureza de intenção com que é feita. Já as afirmações de luz são uma maneira de trazer a presença divina para o cotidiano, fortalecendo o praticante e ajudando-o a manter-se em sintonia com as vibrações mais elevadas. Através dessas práticas, o ser humano aprende a moldar seus pensamentos e emoções de acordo com a luz, transformando sua percepção e sua realidade.

Para iniciar a prática de oração, o praticante deve encontrar um local tranquilo, onde possa concentrar-se e abrir seu coração. É recomendável que ele se sente em uma posição confortável, com a coluna ereta e os olhos fechados, permitindo que seu corpo e mente se acalmem. Antes de começar, ele pode fazer algumas respirações profundas, inspirando paz e expirando qualquer tensão ou preocupação. Esse momento inicial é essencial para criar um estado de receptividade, uma abertura que permite que a energia do divino flua de maneira clara e direta.

A oração pode ser feita de forma espontânea, onde o praticante expressa o que sente, ou através de orações tradicionais ou invocações específicas dos Mestres Ascensos. Em ambas as formas, o importante é que o praticante fale com o coração, abrindo-se para a orientação e para o amor divino. Ele pode, por exemplo, começar sua oração agradecendo pelas bênçãos recebidas, pedindo força para superar desafios ou orientação para caminhar em harmonia com seu propósito. Esse momento de entrega é um ato de confiança e de devoção, onde o praticante se coloca diante do divino com sinceridade e humildade.

Ao expressar suas intenções e sentimentos, o praticante pode sentir uma sensação de paz, como se estivesse em comunhão com uma presença amorosa que o envolve e o guia. Essa conexão é fortalecida pela fé e pela entrega, e o praticante deve permitir que a oração flua naturalmente, sem se preocupar com palavras ou formas. Esse é um momento de entrega total, onde ele pode perceber que, mesmo sem palavras, seu coração é compreendido e acolhido. A oração torna-se, assim, um canal de luz e de paz que fortalece o espírito e traz conforto e clareza.

Após a oração, o praticante pode utilizar afirmações de luz para ancorar as qualidades divinas em seu campo energético. As afirmações devem ser curtas e claras, expressando a intenção de trazer luz, paz, amor e sabedoria para todos os aspectos de sua vida. Uma afirmação simples e poderosa é: "Eu sou a luz divina em manifestação. Eu irradio paz, amor e harmonia para o mundo ao meu redor." Ao recitar essa afirmação, o praticante direciona sua intenção para a luz, comprometendo-se a manifestar essas qualidades em seus pensamentos, palavras e ações.

Outra afirmação que pode ser utilizada para fortalecer a conexão com os Mestres Ascensos é: "Eu sou guiado pela sabedoria dos Mestres. Minha vida é uma expressão de paz e amor divino." Essa declaração reforça a intenção de alinhar-se com a orientação dos Mestres, permitindo que a presença e a sabedoria deles iluminem seu caminho. Ao repetir essa afirmação diariamente, o praticante abre-se para a influência dos Mestres Ascensos, sentindo sua presença e percebendo sua ajuda em momentos de desafio ou de dúvida.

As afirmações de luz podem ser repetidas em momentos específicos, como ao acordar e antes de dormir, ou sempre que o praticante sentir necessidade de fortalecer sua conexão com o divino. Com o tempo, essas afirmações moldam a mente e o coração, criando uma base de paz e de segurança que apoia o praticante em sua jornada espiritual. As afirmações são uma forma de reafirmar o compromisso com a luz e com os ensinamentos dos Mestres, fortalecendo o praticante e preparando-o para enfrentar as situações da vida com serenidade e confiança.

A oração e as afirmações de luz ensinam que, ao conectar-se com o divino, o ser humano encontra a força e a sabedoria para superar qualquer obstáculo. Essas práticas promovem um estado de paz interior, onde o praticante se sente em harmonia com o universo e em sintonia com seu propósito maior. Sob a influência dessas práticas, ele aprende que a luz está sempre presente em seu interior, pronta para guiá-lo e protegê-lo em todos os momentos.

Os Mestres Ascensos, que são exemplos vivos de luz e de amor, inspiram o praticante a viver de acordo com esses valores, lembrando-o de que a oração e as afirmações de luz são pontes que conectam a alma ao divino. Eles ensinam que o verdadeiro poder da oração está na intenção pura, e que, ao orar com sinceridade, o ser humano abre-se para a ajuda e para a orientação que sempre estão disponíveis. Da mesma forma, as afirmações de luz são uma forma de alinhamento, uma maneira de ancorar a presença divina na vida cotidiana, tornando-a uma expressão de paz e de harmonia.

Além de promover a conexão com o divino, a oração e as afirmações de luz também ajudam o praticante a cultivar uma visão mais elevada e compassiva da vida. Ao fortalecer sua frequência, ele torna-se mais sensível às energias ao seu redor e mais consciente de seu impacto no mundo. Esse entendimento promove um comportamento mais responsável e amoroso, onde o praticante age com base na paz e na sabedoria que as práticas espirituais proporcionam. Cada vez que ele ora ou afirma a presença da luz, ele reafirma seu compromisso com a elevação espiritual e com a missão de espalhar amor e paz para todos.

A prática constante da oração e das afirmações de luz permite que o praticante viva em sintonia com sua essência divina, tornando-se um exemplo de serenidade e de equilíbrio para os que estão ao seu redor. A presença da luz o guia em cada decisão e o fortalece em momentos de incerteza, ajudando-o a manifestar seu propósito com clareza e confiança. A oração e as afirmações tornam-se, assim, uma fonte de paz e de renovação, uma presença constante que o apoia e que o inspira a viver em alinhamento com a verdade universal.

Ao finalizar suas orações e afirmações, o praticante sente-se em comunhão com a paz e a harmonia do universo. Ele agradece aos Mestres Ascensos e ao divino por sua orientação e proteção, consciente de que essa conexão estará sempre acessível para guiá-lo em sua jornada. Através da oração e das afirmações de luz, ele percebe que é uma expressão da luz divina e que, ao viver de acordo com esse entendimento, ele contribui para a paz e a elevação de toda a humanidade.

Capítulo 25
Viver na Consciência Espiritual: Práticas Diárias

Viver na consciência espiritual é integrar os princípios e as práticas elevadas na vida cotidiana, transformando cada ação em uma expressão da alma e em uma oportunidade de manifestar a luz. Essa consciência não é algo que se reserva apenas para momentos específicos de meditação ou oração; é um estado contínuo de conexão com o divino, onde o praticante se torna consciente de sua essência em tudo o que faz. Para aqueles que buscam viver de forma alinhada com os ensinamentos da Fraternidade Branca, a prática diária da consciência espiritual é uma forma de fortalecer a paz interior, de expandir o amor e de irradiar harmonia.

Os Mestres Ascensos ensinam que viver na consciência espiritual é um ato de disciplina e de devoção. Esse estado permite que o ser humano esteja sempre em sintonia com as energias mais elevadas, mesmo enquanto lida com as tarefas e os desafios do dia a dia. A consciência espiritual transforma a percepção, ajudando o praticante a ver além das aparências e a agir com base na verdade, na compaixão e na paz. Através de práticas diárias simples, o praticante é capaz de manter-se conectado ao seu Eu Superior, manifestando os princípios espirituais em cada aspecto de sua vida.

Para cultivar a consciência espiritual diariamente, o praticante pode iniciar seu dia com uma prática de gratidão e de intenção. Ao acordar, ele deve reservar alguns minutos para expressar gratidão por mais um dia e por todas as oportunidades de aprendizado e de crescimento que ele trará. Esse simples ato de gratidão eleva sua frequência e abre seu coração, preparando-o para viver com mais atenção e mais serenidade. Após a gratidão, ele pode estabelecer uma intenção para o dia, uma frase que reflita o desejo de viver com paz, amor e clareza, como: "Hoje, eu escolho viver em harmonia com minha essência divina e irradiar paz a todos que encontrarei."

Durante o dia, o praticante pode utilizar momentos de pausa para respirar profundamente e relembrar sua intenção de viver em consciência espiritual. Esses breves intervalos, que podem ser feitos entre atividades, são oportunidades para reestabelecer a calma e retornar ao estado de presença. Com uma respiração profunda e consciente, ele se conecta com o momento presente, soltando tensões e pensamentos que possam surgir. Essa prática de pausa ajuda o praticante a manter-se centrado e em sintonia com sua própria luz, evitando que as distrações e os desafios externos o afastem de sua paz interior.

Outra prática poderosa para manter a consciência espiritual ao longo do dia é a observação dos pensamentos e das emoções. Os Mestres Ascensos ensinam que a mente, quando não observada, tende a criar distrações e a alimentar padrões de medo ou de julgamento. Ao observar seus pensamentos e emoções, o praticante torna-se mais consciente de suas reações e, assim, é capaz de escolher respostas mais elevadas e harmoniosas. Esse estado de presença permite que ele perceba quando está sendo conduzido pelo ego e quando está agindo em alinhamento com seu Eu Superior.

Uma técnica que pode auxiliar na prática da observação é o uso de uma afirmação que traga o praticante de volta ao presente. Sempre que ele perceber que sua mente está dispersa ou que suas emoções estão tomando controle, ele pode recitar mentalmente uma afirmação simples, como: "Eu sou paz e harmonia. Eu escolho a luz em todos os momentos." Essa afirmação lembra-o de seu compromisso com a consciência espiritual e o ajuda a transformar pensamentos ou emoções desarmoniosos, trazendo-o de volta ao estado de paz.

A prática de ouvir o outro com presença é também uma forma de viver a consciência espiritual. Muitas vezes, a mente tende a distrair-se ou a antecipar respostas enquanto o outro fala, o que cria uma barreira entre as almas. Ouvir com presença é um ato de compaixão e de respeito, onde o praticante se dedica inteiramente ao outro, sem julgamentos ou interrupções. Essa prática fortalece os laços e permite que o praticante experimente uma conexão mais profunda e verdadeira com os que o cercam, criando um campo de paz e de compreensão.

Ao final do dia, o praticante pode realizar uma breve meditação de purificação, onde ele visualiza uma luz branca que o envolve e purifica de qualquer energia acumulada. Essa prática noturna é uma forma de encerrar o dia com paz, libertando-se de quaisquer pensamentos ou emoções que possam ter surgido e restaurando seu campo energético. Durante essa meditação, ele pode agradecer por todas as experiências do dia, reconhecendo-as como oportunidades de crescimento e de aprendizado. Esse ato final de gratidão e de purificação fortalece sua consciência espiritual, preparando-o para um sono tranquilo e restaurador.

Viver na consciência espiritual ensina que cada momento é sagrado e que toda experiência, por mais simples que pareça, carrega um propósito maior. Os Mestres Ascensos nos lembram que, ao viver com consciência, o ser humano transforma sua vida em um caminho de evolução, onde cada pensamento, palavra e ação tornam-se expressões de sua essência divina. Esse modo de viver eleva a frequência do praticante, ajudando-o a encontrar paz e harmonia em todas as situações e a inspirar os outros com sua presença serena e equilibrada.

Além de promover a paz e a harmonia, a consciência espiritual também ajuda o praticante a desenvolver uma perspectiva mais elevada sobre a vida, onde ele compreende que tudo está interligado e que cada ser humano contribui para o bem-estar do todo. Essa visão traz compaixão e humildade, permitindo que ele veja cada ser como parte de sua própria jornada espiritual. Ao viver com essa consciência, o praticante sente um amor universal e age com responsabilidade e com amor, sabendo que cada uma de suas ações e intenções impacta o coletivo.

A prática constante de viver na consciência espiritual transforma o praticante, tornando-o mais presente e mais alinhado com sua essência. Com o tempo, ele percebe que sua paz interior se torna mais sólida e que sua percepção se expande, permitindo-lhe ver o mundo sob a luz da unidade e da compaixão. Esse estado de consciência torna-se uma fonte de força e de alegria, uma presença constante que o apoia em sua jornada e que o inspira a viver em harmonia com os valores mais elevados de sua alma.

Ao encerrar o dia e refletir sobre suas práticas, o praticante sente-se em comunhão com sua essência divina, consciente de que cada momento foi uma oportunidade de aprendizado e de expressão de sua luz. Ele agradece pela oportunidade de viver em consciência espiritual, sabendo que essa prática diária é um caminho de autotransformação e de serviço ao mundo. Através da consciência espiritual, ele descobre que, ao viver em paz consigo mesmo, ele contribui para a paz e para a elevação de toda a humanidade, cumprindo assim a missão de ser um canal de luz e de harmonia.

Capítulo 26
Rituais de Conexão com os Mestres Ascensos

Os rituais de conexão com os Mestres Ascensos são práticas profundas e sagradas que permitem ao praticante estabelecer um vínculo espiritual com esses seres iluminados, recebendo sua orientação, proteção e energia. Os Mestres Ascensos são almas que atingiram um estado elevado de consciência e que agora dedicam-se a auxiliar a humanidade em sua jornada de evolução. Esses rituais não são apenas um meio de comunicação; são uma forma de aprendizado e de alinhamento com as virtudes e a sabedoria dos Mestres, que ensinam pelo exemplo e pela inspiração divina. Ao conectar-se com eles, o praticante permite que suas próprias energias se elevem, experimentando a paz e a clareza que emergem dessa união.

Cada Mestre Ascenso traz uma qualidade e um ensinamento específicos, como amor, compaixão, verdade, disciplina e transformação. Essas qualidades são como chaves que, quando integradas, despertam no ser humano o potencial de crescimento e de iluminação. Saint Germain, por exemplo, traz a energia transmutadora da Chama Violeta, auxiliando o praticante a purificar-se de padrões e bloqueios que limitam sua expressão divina. Já Kuan Yin, conhecida pela compaixão infinita, inspira a prática da empatia e do perdão. Cada Mestre, com sua presença e sabedoria, conduz o praticante a explorar aspectos mais profundos de sua própria alma, guiando-o com amor e paciência.

Para iniciar um ritual de conexão com os Mestres Ascensos, o praticante deve escolher um ambiente calmo e sagrado, onde possa estar em paz e concentração. Preparar o espaço com uma vela, um incenso ou uma flor ajuda a criar uma atmosfera de respeito e reverência, refletindo a seriedade e o amor com que o praticante se abre para essa comunhão. Antes de iniciar, ele pode realizar algumas respirações profundas, liberando as preocupações e as tensões do dia. Esse estado de relaxamento permite que ele entre em uma frequência elevada, tornando-o mais receptivo à presença dos Mestres e à energia que eles irradiam.

O primeiro passo no ritual é a visualização de uma luz branca que desce do alto, envolvendo o corpo e criando uma esfera protetora ao redor. Essa luz simboliza a pureza e a presença divina, uma barreira de paz e de proteção que prepara o praticante para a experiência espiritual. À medida que ele se concentra nessa luz, sente que está protegido e que está entrando em um espaço sagrado, onde a presença dos Mestres é bem-vinda. Esse ato inicial de visualização estabelece uma base segura e serena, uma preparação para a conexão com os seres de luz.

Após criar essa esfera de proteção, o praticante deve invocar o Mestre com quem deseja conectar-se. A invocação pode ser feita em silêncio ou em voz baixa, com palavras que expressem respeito, amor e o desejo sincero de aprender e de crescer sob a orientação do Mestre. Por exemplo, ao invocar Saint Germain, o praticante pode dizer: "Mestre Saint Germain, eu abro meu coração para a sua luz e sua sabedoria. Que a Chama Violeta me purifique e que sua presença ilumine meu caminho." Essa invocação é um momento de entrega, onde o praticante abre-se para receber a energia e a orientação com gratidão e humildade.

Durante a invocação, o praticante deve manter-se em silêncio, prestando atenção a qualquer sensação, imagem ou pensamento que possa surgir. É comum que ele sinta uma leveza, uma paz ou uma presença sutil que envolve seu ser, indicando que a energia do Mestre está próxima. Esse estado de contemplação é um momento de comunhão profunda, onde o praticante se sente acolhido e amparado pela luz e pela sabedoria do Mestre. Se ele desejar, pode expressar perguntas ou pedir orientação sobre um tema específico, confiando que o Mestre responderá de maneira sutil, através de insights ou intuições que surgirão ao longo do ritual ou nos dias seguintes.

Para ancorar a presença do Mestre em sua consciência, o praticante pode recitar uma afirmação que reforce a conexão. Uma afirmação poderosa é: "Eu sou guiado pelo amor e pela sabedoria do Mestre [nome do Mestre]. Sua luz me ilumina e me fortalece em meu caminho de crescimento espiritual." Ao recitar essa afirmação, o praticante reafirma sua intenção de manter a conexão com o Mestre e de integrar seus ensinamentos em sua vida. Essa afirmação atua como um selo de luz, uma lembrança constante da presença e da orientação do Mestre.

Esse ritual de conexão pode ser realizado sempre que o praticante sentir necessidade de orientação ou de apoio, ou simplesmente desejar reforçar seu vínculo com um Mestre específico. A prática regular desse ritual aprofunda a conexão, tornando a presença dos Mestres uma fonte de sabedoria e de amor que o praticante pode acessar a qualquer momento. Com o tempo, ele perceberá que a energia e os ensinamentos dos Mestres começam a se manifestar em sua vida de maneira espontânea, guiando-o com paz e clareza.

A conexão com os Mestres Ascensos ensina que a verdadeira sabedoria é um processo de descoberta interna e que, ao abrir-se para essa orientação, o praticante encontra o poder de transformar sua vida e de viver com mais amor e compaixão. Os Mestres oferecem não apenas respostas, mas uma nova forma de ver o mundo e de compreender as próprias experiências. Eles são guias que caminham ao lado do praticante, mostrando-lhe que a luz e a paz que ele busca já estão presentes dentro de si.

Além de promover o crescimento espiritual, a conexão com os Mestres também ajuda o praticante a desenvolver uma visão mais elevada sobre os desafios e as experiências da vida. Sob a orientação dos Mestres, ele aprende a ver cada obstáculo como uma oportunidade de crescimento, cada desafio como uma lição de amor e de paciência. Esse entendimento traz uma paz interior que transcende as circunstâncias e fortalece sua capacidade de lidar com qualquer situação com serenidade e equilíbrio.

A prática constante dos rituais de conexão com os Mestres Ascensos transforma o praticante, tornando-o um canal de luz e de sabedoria para o mundo ao seu redor. A presença dos Mestres o guia em suas decisões, o fortalece em momentos de dificuldade e o inspira a agir com base na paz e no amor. A conexão com os Mestres torna-se, assim, uma fonte de inspiração e de força, uma presença constante que o apoia em sua jornada e que o inspira a viver em harmonia com os valores mais elevados de sua alma.

Ao encerrar o ritual, o praticante agradece ao Mestre pela presença e pelo apoio, consciente de que essa conexão permanece viva em seu coração e que ele pode retornar a ela sempre que desejar. A conexão com os Mestres Ascensos revela que, ao seguir sua orientação e ao integrar seus ensinamentos, o praticante se torna uma expressão da luz divina, irradiando paz, amor e sabedoria para todos os aspectos de sua vida e contribuindo para a elevação espiritual de toda a humanidade.

Capítulo 27
O Despertar da Consciência Coletiva

O despertar da consciência coletiva é um fenômeno espiritual profundo que representa a elevação da consciência humana para um estado de unidade e compreensão universal. Esse despertar ocorre quando indivíduos começam a perceber que são parte de um todo maior e que suas ações, pensamentos e intenções têm um impacto real e direto na humanidade e no planeta. No caminho da Fraternidade Branca, o despertar coletivo é visto como um propósito sagrado, pois através dele a humanidade pode viver em harmonia, cooperando para manifestar paz, amor e justiça. Esse processo não é apenas um movimento externo; ele surge de uma transformação interna, onde cada ser desperta para sua essência divina e para seu papel como guardião da paz e da luz.

Os Mestres Ascensos ensinam que o despertar coletivo é alcançado por meio do crescimento individual. Ao buscar o autoconhecimento e o desenvolvimento espiritual, o praticante contribui para a elevação do campo vibracional coletivo, pois cada ser desperto irradia paz e amor, fortalecendo o campo energético da Terra. Esse despertar é uma jornada que começa em cada coração humano, onde a busca pela verdade e pelo amor se expande para a consciência global. Ao perceber a interconexão entre todos os seres, o praticante compreende que o caminho para a harmonia universal começa com a paz em seu próprio interior.

Para participar ativamente do despertar coletivo, o praticante deve cultivar a consciência de que cada ação tem um efeito no mundo ao seu redor. Ele pode iniciar essa prática ao refletir sobre o impacto de suas escolhas diárias, buscando alinhar seus pensamentos, palavras e atitudes com valores elevados como a compaixão, a paciência e o respeito pelo outro. Esse processo de autoconsciência é um exercício contínuo de atenção plena, onde ele se esforça para agir de acordo com sua essência e com seu propósito. Ao viver de maneira consciente, ele contribui para o despertar coletivo, espalhando vibrações de paz e harmonia por meio de cada uma de suas ações.

Uma prática que ajuda o praticante a fortalecer sua conexão com a consciência coletiva é a meditação para a paz mundial. Nesse exercício, ele se conecta com a intenção de enviar luz e paz a toda a humanidade, visualizando o planeta envolto em uma luz dourada ou violeta, símbolos de proteção e de transmutação. Ele pode imaginar que essa luz irradia-se a partir de seu próprio coração, expandindo-se para abranger cada ser, cada continente, cada vida. Durante essa meditação, ele sente que sua intenção amorosa toca a consciência de todos, contribuindo para a criação de um campo de paz e de elevação que alcança a Terra e seus habitantes.

A oração também é uma ferramenta poderosa para promover o despertar coletivo. Ao orar pela paz, pela cura e pelo bem-estar de todos os seres, o praticante eleva suas intenções ao nível do espírito, unindo-se à Fraternidade Branca e aos Mestres Ascensos na missão de trazer mais luz para a Terra. A oração pode ser feita de maneira simples e sincera, como um pedido de paz e de harmonia para todos os povos e todas as criaturas. Esse ato de entrega permite que o praticante contribua energeticamente para o bem coletivo, pois sua intenção pura se transforma em uma força que transcende fronteiras e que promove o amor universal.

Para fortalecer a conexão com a consciência coletiva, o praticante pode recitar uma afirmação que reflita seu compromisso com a paz e com a unidade. Uma afirmação eficaz para esse propósito é: "Eu sou uma expressão da paz e do amor divinos. Minhas ações e intenções contribuem para a elevação e para o despertar de toda a humanidade." Ao recitar essa afirmação, o praticante fortalece seu papel como agente de luz, assumindo a responsabilidade por sua influência no mundo e comprometendo-se a viver em harmonia com o bem maior.

Além das práticas de meditação e oração, o despertar da consciência coletiva também ocorre por meio do serviço ao próximo. Ao agir com compaixão e altruísmo, o praticante demonstra o poder do amor em ação, inspirando outros a fazerem o mesmo. O serviço não precisa ser grandioso; pequenos gestos de bondade e de apoio criam ondas de transformação que impactam a vida das pessoas e ajudam a despertar uma visão de mundo mais amorosa e inclusiva. Ao servir ao outro, o praticante vive em sintonia com a verdade espiritual de que todos somos um, fortalecendo a unidade e a paz na Terra.

Os Mestres Ascensos nos ensinam que o despertar da consciência coletiva é uma jornada contínua e que requer paciência e fé. Esse processo envolve a superação do ego, a prática do desapego e a abertura para o amor incondicional. Cada pessoa que desperta para essa verdade contribui para a criação de uma nova realidade, onde o amor e a compaixão se tornam a base de todas as interações. Ao desenvolver a capacidade de ver o outro como uma extensão de si mesmo, o praticante aproxima-se da visão dos Mestres, que enxergam toda a humanidade como uma grande família, unida em seu propósito de crescimento e de evolução.

Essa jornada de despertar é também uma oportunidade para que o praticante descubra o poder de sua própria luz. Cada ato de compaixão, cada pensamento positivo e cada palavra amorosa criam uma vibração que se espalha e que eleva o campo energético ao redor. Esse entendimento gera uma visão de responsabilidade amorosa, onde o praticante se torna um cuidador do mundo e da humanidade. Ele percebe que sua paz interior é um presente que ele oferece ao coletivo e que, ao manter-se em harmonia, ele fortalece a paz global e contribui para o despertar de todos.

Para nutrir o despertar da consciência coletiva, o praticante pode também cultivar a gratidão pela unidade e pela diversidade da vida. Ele pode reconhecer que cada ser, com suas qualidades e características únicas, contribui para o equilíbrio e para a beleza do mundo. Ao ver a diversidade como uma expressão da totalidade divina, ele abre-se para aceitar e honrar todas as formas de vida, criando um campo de acolhimento e de amor. Essa visão da unidade na diversidade fortalece o vínculo entre todos os seres, incentivando o respeito, a compreensão e o apoio mútuo.

O despertar da consciência coletiva revela que, ao viver com amor e com verdade, o praticante não apenas transforma sua própria vida, mas também contribui para a evolução do planeta. Ele torna-se um exemplo de paz e de harmonia, irradiando luz para aqueles que o cercam e inspirando outros a buscar a mesma conexão com a consciência elevada. Esse estado de consciência transforma cada pensamento, cada sentimento e cada ação em um ato de cura e de elevação, onde o praticante se torna um canal da paz e da sabedoria universais.

Ao finalizar suas práticas de meditação, oração ou serviço, o praticante sente-se em comunhão com a consciência universal, grato pela oportunidade de contribuir para o despertar coletivo. Ele compreende que sua jornada individual é parte de um movimento maior e que, ao cultivar a paz interior, ele alimenta a paz no mundo. A conexão com a consciência coletiva revela que, ao viver de acordo com a verdade do amor e da unidade, o praticante se torna um guardião da luz, comprometido com a elevação de toda a humanidade e com a criação de um futuro mais harmonioso e compassivo para o planeta.

Capítulo 28
Aplicando os Ensinamentos na Vida Pessoal e Profissional

Aplicar os ensinamentos da Fraternidade Branca na vida pessoal e profissional é um caminho para viver em completa harmonia com o propósito espiritual, permitindo que cada aspecto da vida se torne uma extensão da paz e da sabedoria interior. Os Mestres Ascensos ensinam que a vida cotidiana, seja no âmbito pessoal ou profissional, é uma oportunidade constante de prática espiritual. Através de atitudes conscientes, alinhadas com a compaixão, a integridade e o amor, o praticante eleva sua presença e influencia positivamente aqueles ao seu redor. Essa prática não exige que o praticante se retire do mundo; pelo contrário, convida-o a vivenciar sua essência divina em cada interação e em cada tarefa, tornando-se um exemplo de paz e de sabedoria.

No âmbito pessoal, aplicar os ensinamentos espirituais envolve cultivar a autoconsciência e o autocuidado, sendo fiel à própria verdade e honrando os compromissos com o Eu Superior. Isso significa reconhecer e transformar padrões que não ressoam com o propósito mais elevado, como medos, julgamentos e apegos, substituindo-os por atitudes de amor, paciência e compaixão. A prática espiritual diária, como a meditação, as afirmações de luz e a oração, serve como um pilar para o equilíbrio emocional e para a paz interior, ajudando o praticante a manter-se centrado em sua essência e alinhado com seus valores espirituais.

    A harmonia nos relacionamentos pessoais é um reflexo do crescimento espiritual, e aplicar os ensinamentos da Fraternidade Branca significa agir com respeito, paciência e compreensão com os outros. Ao relacionar-se com amigos, familiares e companheiros de trabalho, o praticante deve esforçar-se para enxergar cada pessoa como uma expressão do divino, tratando-a com bondade e aceitação. Essa visão promove a cura e a harmonia nas relações, pois, ao reconhecer a divindade em todos, o praticante transforma as interações em momentos de amor e de conexão genuína, inspirando aqueles ao seu redor a também viver de acordo com valores elevados.

    Um exercício poderoso para trazer a consciência espiritual para os relacionamentos é a prática da escuta ativa e compassiva. Ao ouvir os outros com atenção e sem julgamentos, o praticante demonstra respeito e empatia, criando um ambiente onde o outro se sente compreendido e valorizado. Esse ato de escuta permite que ele vá além das aparências, percebendo as necessidades e as emoções mais profundas das pessoas ao seu redor. Esse é um reflexo da prática espiritual, onde o amor e a paciência tornam-se guias para o diálogo e para a resolução de conflitos, promovendo a paz e a união.

    No ambiente profissional, aplicar os ensinamentos espirituais significa atuar com ética, integridade e responsabilidade, mantendo a paz interior em meio às demandas e aos desafios do trabalho. Os Mestres Ascensos ensinam que o local de trabalho é um campo fértil para a prática da paciência, da disciplina e do serviço ao próximo. O praticante que leva sua espiritualidade ao ambiente profissional torna-se um canal de harmonia, inspirando colegas e colaboradores com sua serenidade e com sua dedicação. Ele age com integridade e cumpre seus deveres de maneira honesta, compreendendo que seu trabalho é uma forma de servir à humanidade e de contribuir para o bem maior.

    Para manter-se em sintonia com seu propósito espiritual no trabalho, o praticante pode iniciar seu dia com uma breve oração ou afirmação que o lembre de sua intenção de viver em harmonia com sua essência. Uma afirmação eficaz para esse contexto é: "Hoje, eu sou um canal de paz e de harmonia em meu ambiente de trabalho. Minhas ações refletem a sabedoria e o amor do meu Eu Superior." Ao recitar essa afirmação, o praticante fortalece seu compromisso com a paz e com a honestidade, mantendo-se alinhado com os ensinamentos da Fraternidade Branca, independentemente das pressões externas.

A prática da presença consciente é uma ferramenta fundamental para integrar a espiritualidade na vida profissional. Ao focar-se plenamente em cada tarefa, o praticante traz sua atenção para o momento presente, executando cada ação com cuidado e dedicação. Essa prática não apenas melhora seu desempenho, mas também promove um estado de calma e de clareza que o ajuda a lidar com situações de estresse com mais equilíbrio. Estar presente significa atuar com um senso de propósito, percebendo que cada tarefa, por mais simples que seja, tem um valor e pode ser realizada com amor e com gratidão.

Além disso, o praticante pode promover a harmonia no ambiente profissional ao cultivar a cooperação e ao apoiar seus colegas. Os Mestres Ascensos ensinam que o trabalho em equipe é uma oportunidade de praticar a empatia e o serviço altruísta. Ao oferecer ajuda e ao compartilhar seu conhecimento, o praticante fortalece a unidade no ambiente de trabalho, criando um campo energético de paz e de colaboração. Esse ato de generosidade promove a confiança e o respeito entre os membros da equipe, transformando o ambiente profissional em um espaço de crescimento e de elevação.

A ética no trabalho é outro aspecto fundamental para aqueles que desejam aplicar os ensinamentos espirituais em suas atividades. Agir com transparência, cumprir promessas e respeitar os valores coletivos são atitudes que refletem a integridade do praticante. Ele entende que a espiritualidade se manifesta através de atitudes justas e compassivas e que, ao agir de maneira ética, ele não apenas fortalece sua própria paz, mas também inspira confiança e respeito no ambiente ao seu redor. O compromisso com a verdade e com a honestidade torna-se um reflexo direto dos princípios espirituais que ele cultiva.

Além de promover a paz e a harmonia, aplicar a espiritualidade no ambiente profissional ajuda o praticante a desenvolver uma visão mais elevada sobre o propósito de seu trabalho. Ele compreende que sua profissão é uma forma de servir e de contribuir para o bem-estar da sociedade, reconhecendo que, ao realizar seu trabalho com amor e dedicação, ele cumpre sua missão de alma. Esse entendimento transforma a rotina profissional em uma oportunidade de crescimento e de expressão da essência divina, onde cada ação se torna um ato de amor e de serviço.

Os Mestres Ascensos ensinam que a verdadeira espiritualidade é vivida em cada aspecto da vida e que, ao aplicar os ensinamentos nos contextos pessoal e profissional, o praticante eleva sua própria frequência e contribui para a elevação da frequência coletiva. Essa integração entre a espiritualidade e a vida cotidiana é uma forma de viver em total alinhamento com o Eu Superior, onde cada decisão e cada escolha são feitas com consciência e amor. Essa prática fortalece o compromisso do praticante com seu propósito, tornando-o um exemplo de paz e de harmonia para todos ao seu redor.

Ao refletir sobre seu dia, o praticante sente-se em paz, grato pela oportunidade de aplicar os ensinamentos da Fraternidade Branca em todos os aspectos de sua vida. Ele percebe que sua presença e suas atitudes são uma extensão de sua prática espiritual, e que ao viver com integridade e com amor, ele contribui para a paz e para a elevação de toda a humanidade. Através da aplicação desses ensinamentos, ele descobre que a vida é um campo de aprendizado constante, onde cada experiência é uma chance de manifestar a luz divina e de servir como um canal de paz e de harmonia.

Capítulo 29
Ritual de Conexão com as Dimensões Superiores

O ritual de conexão com as dimensões superiores é uma prática sagrada que permite ao praticante acessar planos de consciência elevados, onde a sabedoria, a paz e a orientação divina se manifestam de maneira pura e iluminada. As dimensões superiores são níveis de existência onde a frequência espiritual é intensamente elevada, possibilitando que o praticante se conecte com a verdade universal, com a paz infinita e com a luz dos Mestres e seres de luz que habitam esses planos. Esse ritual é um convite para expandir a consciência além do mundo físico, entrando em contato com realidades espirituais que fortalecem a fé, ampliam a percepção e trazem uma profunda compreensão do propósito divino.

Os Mestres Ascensos e outros seres de luz habitam dimensões superiores, e ao realizar esse ritual, o praticante estabelece uma ponte entre seu próprio campo energético e essas frequências elevadas. Essa prática proporciona insights, cura e uma sensação de conexão com o todo, ajudando o praticante a transcender as limitações da mente e a perceber a interconexão que une todos os seres. No caminho da Fraternidade Branca, a conexão com as dimensões superiores é vista como uma jornada de autotransformação, pois cada contato com esses planos eleva a consciência e reforça o compromisso com a paz, o amor e a sabedoria.

Para iniciar o ritual de conexão com as dimensões superiores, o praticante deve escolher um ambiente calmo, onde possa mergulhar profundamente em um estado de meditação e de concentração. A preparação do espaço é fundamental: ele pode acender uma vela branca ou um incenso de aroma suave, criando uma atmosfera que favoreça a serenidade e a elevação espiritual. O ambiente deve ser acolhedor, livre de distrações, permitindo que o praticante relaxe completamente e se entregue à experiência. Antes de iniciar, ele pode fazer algumas respirações profundas, centrando-se e permitindo que sua mente e seu corpo relaxem.

Com os olhos fechados, o praticante deve visualizar uma coluna de luz dourada descendo do alto, conectando-se ao topo de sua cabeça e se estendendo ao longo de sua coluna. Essa coluna de luz representa a ligação direta com as dimensões superiores, um canal de luz e de paz que purifica e eleva o campo energético do praticante. À medida que ele se concentra nessa coluna de luz, deve sentir que seu ser está se alinhando com uma frequência mais alta, preparando-se para entrar em sintonia com os planos elevados de consciência. Esse momento inicial de visualização é crucial para estabelecer uma base de proteção e de elevação.

Ao criar esse canal de luz, o praticante pode fazer uma invocação, pedindo auxílio aos Mestres Ascensos e aos seres de luz para guiá-lo e protegê-lo durante a prática. Ele pode expressar em voz baixa ou mentalmente seu desejo sincero de acessar as dimensões superiores, dizendo algo como: "Eu peço a presença dos Mestres de Luz e dos seres das dimensões superiores. Que minha consciência seja elevada para que eu possa receber orientação, paz e clareza. Que minha jornada seja protegida e guiada pela luz." Essa invocação é um ato de entrega e de confiança, onde o praticante se abre para a orientação divina com humildade e com o coração receptivo.

Após a invocação, o praticante deve concentrar-se na coluna de luz dourada, visualizando que ela se expande e se torna cada vez mais brilhante, envolvendo todo o seu ser em uma aura de luz e proteção. Ele pode começar a sentir a presença de uma energia sutil e amorosa que o envolve, uma vibração elevada que preenche seu campo energético com paz e serenidade. À medida que sua consciência se eleva, ele experimenta uma leveza, como se estivesse transcendendo os limites de seu corpo físico e adentrando um espaço de pura luz e silêncio. Esse estado é um ponto de contato com as dimensões superiores, onde ele pode sentir a presença dos Mestres e a sabedoria que emana desses planos.

Durante esse estado de conexão, o praticante pode abrir-se para receber mensagens, imagens ou insights que surgem espontaneamente em sua mente. Muitas vezes, esses insights vêm como intuições ou sentimentos de paz que trazem clareza sobre questões de sua vida ou sobre o caminho espiritual. Ele deve permanecer em um estado de receptividade e de confiança, sem tentar controlar a experiência, permitindo que a energia das dimensões superiores flua através de sua consciência. Esse momento de entrega é uma oportunidade para que a sabedoria e a cura dos planos elevados penetrem profundamente em seu ser, trazendo equilíbrio e renovação.

Para consolidar essa conexão com as dimensões superiores, o praticante pode recitar uma afirmação que fortaleça a presença da luz e da sabedoria em seu campo energético. Uma afirmação poderosa para essa prática é: "Eu sou uno com a luz das dimensões superiores. A paz e a sabedoria divina fluem através de mim, elevando e transformando minha consciência." Ao recitar essa afirmação, o praticante ancora a experiência em seu ser, integrando a paz e a clareza que recebeu. Essa afirmação também serve como um lembrete de que a conexão com as dimensões superiores é uma presença constante, disponível para guiá-lo sempre que necessário.

O ritual de conexão com as dimensões superiores pode ser repetido sempre que o praticante desejar elevar sua consciência ou buscar orientação e cura. Com o tempo, ele perceberá que sua sensibilidade às frequências elevadas aumenta, e que sua conexão com os Mestres e com os planos superiores se torna mais clara e constante. Essa prática fortalece a intuição e aprofunda a compreensão espiritual, permitindo que o praticante navegue pela vida com mais serenidade e sabedoria.

A conexão com as dimensões superiores ensina que a verdadeira paz e a verdadeira sabedoria vêm de um lugar que transcende a realidade física. Ao acessar esses planos, o praticante aprende a ver a vida sob uma perspectiva mais elevada, onde as preocupações e as dificuldades se dissolvem na luz da compreensão espiritual. Esse estado de consciência ampliada promove um entendimento profundo da unidade e da interconexão entre todos os seres, incentivando o praticante a viver em harmonia e a atuar como um canal da luz e da paz universais.

Os Mestres Ascensos nos ensinam que a conexão com as dimensões superiores é uma jornada de autotransformação e que, ao acessar esses planos, o praticante está, na verdade, retornando à sua essência divina. Esse retorno à essência revela o propósito maior da vida, uma compreensão que vai além das limitações do ego e das ilusões do mundo material. Ao cultivar essa conexão, o praticante percebe que sua verdadeira natureza é luz e amor, e que ele está sempre conectado ao divino, mesmo quando não está conscientemente ciente dessa união.

Além de promover a paz e a sabedoria, a prática de conexão com as dimensões superiores também ajuda o praticante a cultivar uma visão mais elevada sobre a própria vida e sobre o mundo. Ele compreende que cada experiência, por mais desafiadora que pareça, tem um propósito e um valor para sua evolução. Esse entendimento traz uma paz interior que transcende as circunstâncias, fortalecendo sua capacidade de agir com compaixão e com equilíbrio em todas as situações.

Ao encerrar o ritual, o praticante sente-se em paz, grato pela oportunidade de conectar-se com as dimensões superiores e de receber a luz e a orientação que emanam desses planos elevados. Ele compreende que essa conexão permanece viva em seu coração e que ele pode retornar a esse estado de elevação sempre que desejar. Através dessa prática, ele descobre que sua alma é uma extensão da luz divina, e que ao viver de acordo com essa verdade, ele contribui para a paz e para a elevação de toda a humanidade.

Capítulo 30
Alinhamento com o Plano Divino e Propósito Espiritual

O alinhamento com o Plano Divino e o propósito espiritual é um caminho de autodescoberta e de conexão com a essência mais elevada do ser. Cada alma tem um propósito único, uma missão sagrada que carrega em si uma contribuição especial para o mundo e para a evolução espiritual da humanidade. No caminho da Fraternidade Branca, o alinhamento com o Plano Divino é visto como uma jornada de reconhecimento e aceitação dessa missão. Esse alinhamento permite que o praticante viva em harmonia com a vontade divina, compreendendo que cada experiência e cada escolha trazem a oportunidade de manifestar seu propósito mais elevado e de colaborar para a criação de um mundo mais justo e iluminado.

Os Mestres Ascensos ensinam que o Plano Divino é a expressão da sabedoria e do amor universais, um projeto perfeito onde cada alma desempenha um papel essencial. O propósito espiritual de cada um é como um fio dourado que tece essa tapeçaria universal, unindo todos os seres em uma rede de luz e de paz. Ao alinhar-se com o Plano Divino, o praticante abre-se para a orientação e para a inspiração que fluem diretamente de seu Eu Superior e da Fraternidade Branca, permitindo que seu caminho seja guiado por uma consciência mais ampla e amorosa. Esse alinhamento traz uma clareza e uma paz que fortalecem o praticante em sua jornada, permitindo-lhe viver de forma autêntica e conectada com sua essência.

Para iniciar o processo de alinhamento com o Plano Divino, o praticante deve encontrar um local sereno, onde possa meditar e conectar-se com seu Eu Superior. Esse momento de introspecção é essencial para sintonizar-se com as vibrações mais elevadas e abrir-se para a orientação espiritual. Ele pode acender uma vela branca, símbolo da pureza e da luz divina, e fazer uma respiração profunda, permitindo que o corpo e a mente relaxem. Esse estado de tranquilidade ajuda a criar uma conexão direta com sua essência, permitindo que ele entre em um estado de receptividade e de abertura.

Com os olhos fechados, o praticante deve visualizar uma luz dourada descendo do alto e envolvendo todo o seu ser. Essa luz representa o Plano Divino, uma energia sagrada que se manifesta como paz, sabedoria e amor. Ao concentrar-se nessa luz, o praticante sente que está sendo envolvido e acolhido pelo propósito mais elevado de sua alma. Ele deve permitir que essa luz preencha todo o seu campo energético, dissolvendo medos e dúvidas e trazendo clareza sobre seu verdadeiro propósito. Esse é um momento de entrega e de confiança, onde o praticante permite que o Plano Divino se revele em sua consciência.

Para fortalecer essa conexão, o praticante pode fazer uma invocação ao seu Eu Superior e aos Mestres Ascensos, pedindo auxílio para compreender e seguir seu propósito espiritual. Ele pode dizer em voz baixa ou mentalmente: "Eu invoco a luz do meu Eu Superior e a orientação dos Mestres Ascensos. Que o Plano Divino se revele em meu coração e que minha vida seja uma expressão do meu propósito mais elevado." Essa invocação é um ato de abertura, onde o praticante entrega seu caminho à orientação divina, confiando que sua missão será guiada pela luz e pelo amor.

Durante essa visualização e invocação, o praticante deve permanecer em silêncio, prestando atenção às sensações, aos pensamentos e às intuições que possam surgir. Muitas vezes, o propósito espiritual se manifesta de maneira sutil, através de uma sensação de paz ou de uma clareza que surge espontaneamente. Esse estado de contemplação é uma oportunidade para o praticante conectar-se com sua própria verdade e perceber o que realmente o inspira e o impulsiona. Ele deve permitir que as respostas venham naturalmente, confiando que o Plano Divino será revelado de acordo com o tempo e com o desenvolvimento espiritual de sua alma.

Para consolidar o alinhamento com o Plano Divino, o praticante pode recitar uma afirmação que represente seu compromisso com seu propósito espiritual. Uma afirmação poderosa para essa prática é: "Eu sou um canal da luz divina, e meu propósito se manifesta em harmonia com o Plano Divino. Vivo de acordo com minha essência e com o amor que me guia." Ao recitar essa afirmação, o praticante reafirma sua intenção de viver de acordo com seu propósito mais elevado, comprometendo-se a agir com integridade e com amor em todas as áreas de sua vida.

O ritual de alinhamento com o Plano Divino pode ser repetido sempre que o praticante sentir a necessidade de reconectar-se com sua missão ou de buscar clareza em momentos de decisão. Com o tempo, ele perceberá que sua intuição se torna mais forte e que seu caminho começa a se desdobrar de forma mais harmoniosa e natural. Essa prática fortalece o vínculo com o Eu Superior e com a Fraternidade Branca, proporcionando uma orientação constante e uma paz interior que sustentam o praticante em todas as circunstâncias.

A conexão com o Plano Divino ensina que o verdadeiro propósito espiritual não é algo que está fora de alcance; é uma verdade que reside no interior de cada ser e que, ao ser revelada, transforma a vida em uma expressão de amor e de paz. Os Mestres Ascensos nos lembram que, ao seguir seu propósito, o praticante não apenas realiza sua missão, mas também contribui para a paz e para a harmonia da Terra, pois cada alma desperta fortalece o campo de luz e de elevação da humanidade. Esse alinhamento traz uma sensação de plenitude e de realização, onde o praticante compreende que sua vida faz parte de um projeto maior e que ele é guiado pela sabedoria e pelo amor do universo.

Além de promover a clareza e a paz, o alinhamento com o Plano Divino também ajuda o praticante a desenvolver uma visão mais ampla e compassiva sobre os desafios da vida. Ao compreender que cada experiência faz parte de sua jornada de crescimento, ele aprende a ver os obstáculos como oportunidades de aprendizado e de fortalecimento. Esse entendimento traz uma serenidade profunda, onde o praticante encontra coragem e confiança para enfrentar qualquer situação com equilíbrio e com gratidão.

O alinhamento com o Plano Divino transforma o praticante, tornando-o mais consciente de seu papel e de sua responsabilidade no mundo. Cada decisão, cada ação e cada pensamento são guiados por seu propósito, e ele vive em sintonia com as energias mais elevadas, irradiando paz e harmonia para todos ao seu redor. Esse estado de alinhamento permite que o praticante viva de maneira autêntica, reconhecendo que sua vida é um reflexo de sua missão e de sua conexão com o divino.

Ao encerrar o ritual, o praticante sente-se em paz, grato pela oportunidade de conectar-se com seu propósito espiritual e com o Plano Divino. Ele compreende que essa conexão permanece viva em seu coração e que ele pode retornar a ela sempre que desejar. Através do alinhamento com o Plano Divino, ele descobre que sua vida é uma expressão da luz e do amor universais e que, ao viver de acordo com essa verdade, ele contribui para a elevação espiritual de toda a humanidade.

Capítulo 31
Canalização de Energias de Cura e Equilíbrio

A canalização de energias de cura e equilíbrio é uma prática profundamente transformadora, que permite ao praticante agir como um veículo para as energias elevadas que restauram o bem-estar, tanto para si mesmo quanto para os outros. A Fraternidade Branca ensina que todos os seres possuem o potencial de canalizar a energia divina, manifestando paz, saúde e harmonia. Essa prática é uma forma de cura espiritual, onde a luz divina flui através do canalizador, dissolvendo bloqueios e promovendo a regeneração em níveis físicos, emocionais e espirituais. Ao conectar-se com essas energias superiores, o praticante experimenta uma elevação de sua própria frequência, tornando-se um agente de cura e equilíbrio.

Os Mestres Ascensos nos ensinam que a cura verdadeira vem do alinhamento com a essência divina e que, ao canalizar energias de cura, o praticante fortalece sua própria conexão com o plano superior. Saint Germain, por exemplo, é associado à Chama Violeta, uma energia transmutadora que purifica e eleva. Assim como ele, outros Mestres estão à disposição para auxiliar na canalização de energias específicas, cada uma com propriedades curativas distintas. Ao canalizar essas forças, o praticante não só eleva sua própria vibração, mas também ajuda a transformar o ambiente ao seu redor, trazendo luz e harmonia.

Para começar a canalização de energia de cura e equilíbrio, o praticante deve preparar-se mental e energeticamente. Ele deve encontrar um local tranquilo, onde possa relaxar e se concentrar. A prática da respiração profunda é fundamental para acalmar a mente e permitir que o corpo físico esteja em um estado receptivo. Respirações lentas e conscientes ajudam a purificar o campo energético, facilitando a conexão com as energias superiores. Com cada inspiração, ele deve imaginar que está atraindo a luz divina, e com cada expiração, que está liberando qualquer tensão ou bloqueio que possa limitar o fluxo de energia.

Ao iniciar a canalização, o praticante visualiza uma luz brilhante descendo do alto e entrando pelo topo de sua cabeça, passando por cada chakra, até alcançar a base da coluna. Essa luz é a energia divina que ele canaliza e direciona, conectando-o com o plano de cura universal. Ele deve visualizar que essa luz, que pode ser branca, dourada ou violeta, enche todo o seu corpo e seu campo energético, trazendo uma sensação de paz e de leveza. Esse é o primeiro passo para se tornar um canal receptivo e para abrir-se às forças curativas.

Durante esse processo, o praticante pode invocar a presença dos Mestres Ascensos e dos seres de luz, pedindo-lhes orientação e apoio para canalizar a energia com pureza e precisão. Ele pode dizer em voz baixa ou mentalmente: "Invoco a presença dos Mestres Ascensos, especialmente [nome do Mestre], para que me auxiliem a canalizar a energia de cura e equilíbrio. Que essa luz flua através de mim, curando e harmonizando onde for necessário." Essa invocação é um ato de humildade e de confiança, onde o praticante permite que a sabedoria superior o guie no processo de cura.

Durante a canalização, o praticante pode sentir uma leveza ou uma energia que se move em seu corpo. Ele deve permitir que essa energia flua livremente, sem tentar controlá-la, mantendo-se em um estado de receptividade e de confiança. Muitas vezes, o praticante perceberá sensações de calor, formigamento ou paz profunda, sinais de que a energia de cura está fluindo e trabalhando onde é necessária. Essa experiência de entrega é essencial, pois permite que o praticante se torne um verdadeiro canal da luz, deixando que a inteligência divina guie o processo de cura.

Se o praticante estiver canalizando para outra pessoa, ele deve visualizar a mesma luz que o envolve agora fluindo para o campo energético do receptor. Com as mãos posicionadas em direção ao corpo da pessoa, ele pode imaginar que a energia se estende até ela, trazendo cura e equilíbrio. Ele deve sempre pedir permissão ao receptor e explicar que está servindo apenas como um canal, permitindo que a energia flua naturalmente. A cura é guiada pelo Eu Superior do receptor, que direciona a energia para onde é mais necessária, seja para aliviar uma dor, seja para trazer clareza mental, ou promover equilíbrio emocional.

Para ancorar essa prática de canalização, o praticante pode recitar uma afirmação que o ajude a fortalecer sua conexão com a energia de cura. Uma afirmação poderosa para essa prática é: "Eu sou um canal da luz divina. A energia de cura e equilíbrio flui através de mim, trazendo paz e harmonia." Ao recitar essa afirmação, o praticante solidifica sua intenção de agir como um veículo de cura, abrindo-se com amor e com humildade para o papel que desempenha no processo de cura.

A canalização de energias de cura e equilíbrio é uma prática que pode ser repetida sempre que o praticante desejar promover a harmonia em si mesmo ou auxiliar os outros. Com a prática constante, ele desenvolverá uma sensibilidade maior para essas energias, percebendo com mais clareza o fluxo e o impacto da cura. Essa prática também fortalece o praticante, ajudando-o a manter-se equilibrado e conectado com as energias mais elevadas, independentemente das circunstâncias externas.

Os Mestres Ascensos ensinam que a verdadeira cura acontece quando o ser humano se alinha com a paz e com o amor de sua própria essência. Ao canalizar essas energias, o praticante não apenas promove o bem-estar, mas também transforma sua própria consciência, descobrindo que a cura é um processo de reconexão com o divino. Essa prática aprofunda o autoconhecimento e a compaixão, promovendo uma visão mais elevada e uma disposição para servir à luz e à harmonia.

Além de promover a cura e o equilíbrio, a prática de canalização ajuda o praticante a desenvolver uma compreensão mais profunda de seu papel como agente de paz e de transformação. Ele percebe que, ao canalizar essas energias, ele se torna um facilitador da luz, irradiando paz e equilíbrio para todos ao seu redor. Esse entendimento o inspira a viver com mais compaixão e responsabilidade, sabendo que suas intenções e suas ações contribuem para a elevação do coletivo.

Ao encerrar o ritual, o praticante deve expressar sua gratidão aos Mestres e à energia divina pela oportunidade de canalizar a cura e o equilíbrio. Ele pode agradecer em silêncio ou em voz baixa, reconhecendo a luz e a paz que agora permeiam seu campo e o campo daqueles que ele auxiliou. Essa prática de canalização revela que, ao tornar-se um canal da energia divina, o praticante não só promove a cura e a harmonia, mas também eleva sua própria alma, contribuindo para a paz e a transformação de toda a humanidade.

Capítulo 32
Integração dos Sete Raios no Corpo Energético

A integração dos Sete Raios no corpo energético é um processo de profunda transformação espiritual, onde o praticante alinha-se com as virtudes divinas que cada raio representa. Esses raios, que emanam da sabedoria cósmica, possuem qualidades específicas que elevam a consciência e despertam no ser humano o potencial para uma vida de equilíbrio, amor e harmonia. A Fraternidade Branca ensina que cada um dos Sete Raios manifesta uma força essencial que se integra ao campo energético e ao próprio ser, promovendo a cura e o desenvolvimento em diversos aspectos da vida, desde o mental e o emocional até o espiritual e físico. A prática de integração dos Sete Raios permite que o praticante experimente a totalidade e a perfeição de seu próprio ser, revelando o caminho de sua jornada divina.

Os Sete Raios são energias universais e eternas que representam aspectos distintos da consciência divina. Cada raio possui uma cor e uma frequência vibratória, que são associadas a qualidades específicas: o Primeiro Raio (azul) representa a força de vontade divina, o Segundo Raio (dourado) o amor-sabedoria, o Terceiro Raio (rosa) a inteligência ativa, o Quarto Raio (branco) a harmonia, o Quinto Raio (verde) o conhecimento e a ciência, o Sexto Raio (rubi-dourado) a devoção, e o Sétimo Raio (violeta) a transmutação e a ordem cerimonial. Ao integrar esses raios em seu campo energético, o praticante ativa e fortalece essas qualidades em sua vida, tornando-se um canal da luz e do amor universais.

Para iniciar a prática de integração dos Sete Raios, o praticante deve encontrar um espaço calmo onde possa relaxar e concentrar-se. A criação de um ambiente tranquilo ajuda a elevar a frequência e a preparar o campo energético para a recepção dos raios. Ele pode acender uma vela branca e incensos suaves, criando um clima de paz que facilita a introspecção e o contato com as energias superiores. Antes de começar, é recomendável que ele faça algumas respirações profundas, inspirando paz e expelindo quaisquer tensões ou preocupações. Esse estado inicial de serenidade é essencial para receber os raios de maneira plena e consciente.

O processo de integração começa com a visualização do Primeiro Raio, de cor azul. O praticante deve imaginar uma luz azul intensa e vibrante descendo do alto e envolvendo todo o seu ser, trazendo consigo a força e a vontade divina. À medida que essa energia azul o envolve, ele sente que sua determinação e seu propósito se intensificam, como se uma força interna despertasse, encorajando-o a agir de acordo com sua verdade mais elevada. Essa energia fortalece a confiança e a coragem, ajudando o praticante a firmar sua vontade no bem e a seguir adiante com clareza e firmeza de propósito.

Em seguida, o praticante visualiza o Segundo Raio, de cor dourada, que desce e envolve seu campo energético. Esse raio carrega a energia do amor-sabedoria, trazendo uma sensação de paz e de compreensão profundas. O praticante sente seu coração expandir, cheio de compaixão e empatia, com uma percepção clara da unidade que conecta todos os seres. Essa energia dourada desperta a intuição e promove um entendimento mais elevado, ensinando que o amor e a sabedoria são inseparáveis e que, juntos, iluminam o caminho do crescimento espiritual.

Ao integrar o Terceiro Raio, de cor rosa, o praticante percebe a energia da inteligência ativa e da criatividade. Ele visualiza essa luz rosa envolvendo seu corpo e sua mente, despertando sua capacidade de manifestar ideias e soluções criativas. Esse raio ativa a mente intuitiva e favorece a resolução de problemas, trazendo inspiração para agir com clareza e com equilíbrio. Essa energia impulsiona o praticante a agir com eficiência e com amor, promovendo a harmonia entre o pensar e o sentir.

O Quarto Raio, de cor branca, representa a harmonia e a pureza. O praticante visualiza essa luz branca, pura e resplandecente, preenchendo todo o seu ser e dissolvendo qualquer desarmonia. Esse raio promove a paz interior e o alinhamento, trazendo equilíbrio às emoções e fortalecendo a clareza espiritual. Ao integrar essa energia, o praticante experimenta um estado de pureza e de serenidade, sentindo-se em harmonia com sua essência e com o universo ao seu redor.

Ao receber o Quinto Raio, de cor verde, o praticante conecta-se com a energia do conhecimento e da ciência espiritual. Ele visualiza essa luz verde envolvendo seu campo energético, fortalecendo seu entendimento e promovendo a cura em nível físico e espiritual. Esse raio desperta a busca pela verdade e pelo conhecimento, inspirando o praticante a compreender as leis divinas que regem a vida. Essa energia de cura ativa no praticante um estado de clareza e discernimento, ajudando-o a alinhar-se com a sabedoria universal.

O Sexto Raio, de cor rubi-dourado, traz a devoção e o idealismo. Ao visualizar essa luz rubi-dourada envolvendo seu corpo, o praticante sente uma profunda conexão com o divino e um amor incondicional por toda a criação. Esse raio desperta a fé e a devoção, promovendo um estado de entrega e de gratidão. A energia do Sexto Raio fortalece o compromisso do praticante com seu propósito espiritual, inspirando-o a servir ao bem maior com amor e com dedicação.

Por fim, o praticante visualiza o Sétimo Raio, de cor violeta, descendo e envolvendo seu campo energético. Esse raio representa a transmutação e a ordem cerimonial, trazendo a energia de transformação e de libertação. Ao sentir a luz violeta preenchendo seu ser, o praticante percebe que todas as limitações, medos e padrões negativos estão sendo transmutados e elevados. Esse raio é a energia da renovação, que liberta o praticante de tudo o que o impede de manifestar sua essência divina.

Ao completar a visualização dos Sete Raios, o praticante sente-se renovado e em perfeito equilíbrio, como se cada aspecto de seu ser estivesse em harmonia com o todo. Ele pode, então, recitar uma afirmação que solidifique a integração dos Sete Raios em seu corpo energético. Uma afirmação poderosa para essa prática é: "Eu sou um canal da luz dos Sete Raios. Todas as virtudes divinas se manifestam em mim, trazendo paz, sabedoria e equilíbrio." Ao recitar essa afirmação, o praticante fortalece sua intenção de viver de acordo com as qualidades divinas e de irradiar essa energia para o mundo.

A prática de integração dos Sete Raios pode ser realizada sempre que o praticante desejar harmonizar e elevar sua frequência ou reforçar suas qualidades espirituais. Com o tempo, ele perceberá que essas energias se tornam mais presentes em sua vida, fortalecendo suas virtudes e guiando suas ações com sabedoria e amor. Essa prática não só eleva o praticante, mas também irradia luz para o ambiente ao seu redor, contribuindo para a elevação do campo coletivo.

Os Mestres Ascensos ensinam que a integração dos Sete Raios é um caminho de autoconhecimento e de realização espiritual. Cada raio desperta uma qualidade essencial, que, quando integrada, promove o equilíbrio entre o corpo, a mente e o espírito. Esse processo de integração revela ao praticante seu potencial como canal da luz divina, permitindo-lhe viver em sintonia com o Plano Divino e com sua missão de alma.

Ao concluir essa prática, o praticante sente-se em paz, grato pela oportunidade de integrar as energias dos Sete Raios em seu ser. Ele compreende que essa luz permanece viva dentro dele, guiando-o em sua jornada espiritual e manifestando-se em todos os aspectos de sua vida. Através da integração dos Sete Raios, ele descobre que a verdadeira harmonia é a união de todas as virtudes divinas, e que ao viver de acordo com essa verdade, ele contribui para a paz e a elevação espiritual de toda a humanidade.

Capítulo 33
Ritual de Sintonização com o Raio de Cura e Regeneração

O ritual de sintonização com o Raio de Cura e Regeneração é uma prática poderosa que permite ao praticante conectar-se com uma energia de cura profunda, promovendo a renovação em todos os níveis de seu ser. Esse raio, emanação da luz divina, é associado ao poder curativo do Quinto Raio, de cor verde, e carrega a frequência de restauração, equilíbrio e expansão da consciência. Na Fraternidade Branca, a prática com o Raio de Cura e Regeneração é considerada um método para purificar o corpo físico e sutil, liberando bloqueios emocionais e mentais e restaurando a harmonia. Esse ritual oferece ao praticante uma fonte contínua de paz e vitalidade, uma conexão direta com a essência de cura que transforma e revigora.

Os Mestres Ascensos nos ensinam que o poder de cura desse raio não se limita ao corpo físico, mas também atua em níveis espirituais, ajudando o praticante a remover padrões negativos, traumas e limitações que acumulou ao longo de sua jornada. Hilarion, o Mestre associado ao Quinto Raio, guia essa prática, trazendo clareza e discernimento. Ele atua como um farol de luz curativa, ajudando o praticante a alcançar um estado de saúde integral. A sintonização com o Raio de Cura é uma entrega ao processo de autotransformação, onde a luz verde do raio renova, limpa e restaura, promovendo um renascimento espiritual.

Para realizar o ritual de sintonização com o Raio de Cura, o praticante deve preparar um espaço calmo e sagrado, onde possa relaxar e concentrar-se profundamente. Ele pode colocar uma vela verde ou um cristal verde próximo a si, elementos que simbolizam a energia de cura e facilitam a conexão com o raio. Ao sentar-se em uma posição confortável, ele deve começar com algumas respirações profundas, inspirando paz e expirando qualquer tensão acumulada. Esse estado de relaxamento é essencial para que o corpo e a mente estejam receptivos, prontos para a recepção e a circulação da energia de cura.

Com os olhos fechados, o praticante visualiza uma luz verde descendo do alto e envolvendo todo o seu corpo, criando uma esfera de cura e proteção ao seu redor. Ele sente essa luz verde como uma presença suave e amorosa, que começa a penetrar em cada célula, tecido e órgão, promovendo a restauração e o fortalecimento. Essa visualização é o primeiro passo para ancorar o Raio de Cura em seu campo energético. À medida que a luz verde se intensifica, o praticante experimenta uma sensação de leveza e de serenidade, como se estivesse sendo purificado de todas as energias densas.

Durante o ritual, o praticante pode invocar a presença do Mestre Hilarion, pedindo sua orientação e auxílio no processo de cura. Ele pode dizer em voz baixa ou mentalmente: "Mestre Hilarion, eu invoco a sua luz e o poder do Raio de Cura. Que sua energia de cura e regeneração restaure minha saúde e traga equilíbrio a todos os níveis do meu ser." Essa invocação é uma entrega, um pedido sincero de renovação, onde o praticante se abre para receber a cura que flui da sabedoria do Mestre e do Raio Verde. Ao invocar Hilarion, o praticante fortalece a presença do raio, ancorando sua energia e permitindo que o processo de regeneração se intensifique.

Durante essa sintonização, o praticante pode sentir uma sensação de calor, uma leve pulsação ou um relaxamento profundo, indicações de que a energia do Raio de Cura está fluindo e trabalhando. Ele deve permanecer em silêncio, receptivo e atento às sensações e às intuições que possam surgir, pois a energia de cura age de forma sutil e amorosa, respeitando o ritmo e a necessidade do próprio corpo. Ao abrir-se para essa experiência, o praticante não tenta controlar o fluxo da energia;

ele confia que o Raio de Cura está atuando onde é mais necessário, equilibrando e regenerando sua totalidade.

Para aprofundar a conexão com o Raio de Cura, o praticante pode recitar uma afirmação que fortaleça sua intenção de receber e integrar essa energia em sua vida. Uma afirmação eficaz é: "Eu sou um canal da cura divina. A energia do Raio Verde me restaura e me renova, trazendo paz, equilíbrio e saúde a todo o meu ser." Ao recitar essa afirmação, ele reforça sua entrega e sua receptividade, firmando seu compromisso com o processo de cura e regeneração. Essa afirmação age como um selo energético, fixando a experiência de cura e fortalecendo o vínculo com a essência do raio.

A prática de sintonização com o Raio de Cura e Regeneração pode ser realizada sempre que o praticante sentir necessidade de renovação, seja para tratar uma questão específica de saúde, seja para promover o bem-estar geral. Com o tempo, ele perceberá que essa conexão se aprofunda, e que a energia curativa começa a manifestar-se de forma natural em sua vida. O Raio de Cura torna-se, então, uma fonte constante de fortalecimento, restaurando o equilíbrio e trazendo uma sensação de paz e de plenitude.

Os Mestres Ascensos ensinam que a verdadeira cura é um processo de alinhamento com o amor e com a verdade que residem em nossa essência. Ao conectar-se com o Raio de Cura, o praticante não apenas cura o corpo, mas também desperta para o potencial divino de sua própria natureza. Ele aprende a reconhecer a luz que sempre esteve presente dentro de si, e essa conscientização traz uma paz que transcende as dificuldades temporais. O Raio de Cura ensina que o poder da regeneração é uma qualidade inata, disponível para todos que se dispõem a abrir o coração e a mente.

Além de promover a cura e o equilíbrio, a sintonização com o Raio Verde ajuda o praticante a desenvolver uma visão mais elevada sobre a saúde e o bem-estar. Ele compreende que o estado de equilíbrio físico e espiritual é alcançado ao viver em harmonia com o universo e com sua própria essência. Esse entendimento promove uma abordagem mais compassiva e cuidadosa consigo mesmo, onde ele age com amor e respeito por seu corpo, mente e espírito, nutrindo-os com pensamentos e atitudes positivas.

    Ao concluir o ritual, o praticante sente-se em paz, grato pela energia de cura e pela presença do Raio Verde em sua vida. Ele pode expressar gratidão ao Mestre Hilarion e à energia divina pela cura que recebeu, consciente de que essa conexão permanece viva dentro de seu ser, disponível sempre que ele precisar. Através do ritual de sintonização com o Raio de Cura e Regeneração, o praticante descobre que é um canal da cura divina, uma expressão do poder regenerador do universo. Ao viver de acordo com essa verdade, ele contribui para a paz e para a elevação espiritual de todos os seres ao seu redor.

Capítulo 34
O Portal da Consciência Crística

O Portal da Consciência Crística é uma passagem espiritual que permite ao praticante acessar o amor incondicional e a compaixão profunda, qualidades da consciência crística. Essa consciência representa o ápice do despertar espiritual, onde o ser humano transcende os limites do ego e se torna um canal puro da luz divina. A Fraternidade Branca ensina que a Consciência Crística é a manifestação do amor universal e da unidade, uma presença que permeia todos os seres e que é simbolizada por mestres de grande compaixão e sabedoria, como Jesus Cristo, Kuan Yin e outros seres iluminados. Conectar-se com essa consciência é um convite a viver em profunda harmonia, paz e entrega ao serviço amoroso pela humanidade.

Os Mestres Ascensos nos guiam a compreender que a Consciência Crística é um estado de unidade com o divino, onde o praticante transcende a separação e reconhece sua essência como parte inseparável de toda a criação. Esse estado de consciência abre o coração para a compaixão ilimitada, permitindo que o praticante viva com humildade e dedicação ao bem maior. Através do portal da Consciência Crística, ele se conecta com a vibração do amor absoluto, uma frequência que dissolve medos e limitações e promove a cura e a elevação da alma. O processo de acessar esse portal é, portanto, uma jornada interna de autoconhecimento e de liberação, onde o praticante se entrega à luz da paz e da compaixão universais.

Para iniciar a prática de conexão com o Portal da Consciência Crística, o praticante deve escolher um ambiente tranquilo, onde possa relaxar e concentrar-se. Preparar o espaço com uma vela branca ou rosa e com um cristal, como o quartzo rosa, pode ajudar a criar uma atmosfera de amor e de serenidade. Antes de começar, ele deve fazer algumas respirações profundas, inspirando luz e exalando qualquer tensão, permitindo que o corpo e a mente se harmonizem. Esse estado de calma e de receptividade é essencial para que o coração e a alma estejam abertos à frequência da Consciência Crística.

O praticante inicia o processo visualizando uma luz dourada descendo do alto, conectando-se ao topo de sua cabeça e expandindo-se ao longo de seu corpo. Essa luz dourada é o símbolo da Consciência Crística, uma energia de puro amor que envolve e transforma tudo o que toca. À medida que essa luz o envolve, o praticante sente que está sendo acolhido em um campo de compaixão e de paz, como se estivesse em comunhão direta com a essência divina. Ele permite que essa luz dourada permeie cada célula de seu corpo, expandindo-se para preencher todo o seu campo energético e dissolvendo quaisquer bloqueios ou sombras que estejam presentes.

Durante essa visualização, o praticante pode fazer uma invocação, pedindo auxílio e orientação aos Mestres da Consciência Crística. Ele pode dizer em voz baixa ou mentalmente: "Invoco a presença dos Mestres da Consciência Crística, para que me guiem e me envolvam com sua luz de compaixão e de amor incondicional. Que minha alma seja um canal dessa luz e que eu viva em harmonia com a paz e o amor universais." Essa invocação é um ato de entrega e de abertura, onde o praticante expressa sua intenção sincera de acessar a Consciência Crística e de viver de acordo com suas qualidades de paz e de compaixão.

Ao continuar o processo, o praticante deve concentrar-se em seu coração, visualizando que a luz dourada se intensifica nessa região, como uma chama que cresce e expande. Essa chama dourada é a presença da Consciência Crística em seu coração, uma força que desperta o amor incondicional e a empatia. Ele pode sentir uma paz profunda e uma sensação de unidade, como se estivesse conectado a toda a humanidade e a toda a criação. Nesse estado, o praticante experimenta o amor absoluto, que não discrimina e que acolhe a todos, reconhecendo a luz em cada ser.

Para ancorar a Consciência Crística em seu ser, o praticante pode recitar uma afirmação que fortaleça sua intenção de viver em harmonia com essa frequência de amor. Uma afirmação poderosa para essa prática é: "Eu sou uma expressão da Consciência Crística. O amor e a compaixão divinos fluem através de mim e transformam minha vida e o mundo ao meu redor." Ao recitar essa afirmação, ele reforça sua intenção de viver em sintonia com a Consciência Crística, comprometendo-se a agir com bondade, com empatia e com gratidão em todas as suas relações e experiências.

Durante o ritual, o praticante pode sentir uma expansão de sua consciência, como se sua percepção se ampliasse para além dos limites do corpo físico e do ego. Ele experimenta um estado de paz e de leveza, onde os julgamentos e as preocupações se dissolvem na presença do amor universal. Esse estado de consciência ampliada é um vislumbre do poder transformador da Consciência Crística, uma vibração que eleva a alma e que proporciona um entendimento profundo e compassivo da vida.

A prática de sintonização com o Portal da Consciência Crística pode ser realizada regularmente, pois fortalece o campo energético do praticante e o ajuda a manter-se alinhado com o amor e a compaixão em seu cotidiano. Ao vivenciar essa conexão de forma contínua, ele perceberá que sua visão de mundo começa a se transformar, e que seus pensamentos e ações passam a refletir os valores da paz, da unidade e do amor incondicional. Essa prática eleva sua frequência e inspira os que estão ao seu redor, pois ele se torna um canal da paz divina.

Os Mestres Ascensos ensinam que o despertar da Consciência Crística é o caminho para a verdadeira paz e para a transformação interior. Através desse estado de amor e de compaixão, o praticante aprende a viver em harmonia com o universo, reconhecendo que o bem-estar e a felicidade de cada ser são parte de seu próprio crescimento espiritual. Essa consciência desperta o desejo de servir e de contribuir para o bem maior, promovendo ações que beneficiam todos os seres e que fortalecem a paz na Terra.

A Consciência Crística ensina que o amor é a base de toda cura e transformação e que, ao viver de acordo com essa verdade, o praticante se torna um exemplo de paz e de bondade para todos ao seu redor. Ele descobre que a verdadeira felicidade está na capacidade de amar sem esperar nada em troca, de perdoar sem reservas e de acolher todos com o coração aberto. Esse estado de consciência é o propósito final do despertar espiritual, onde o ser humano reconhece sua própria divindade e se torna uma expressão viva do amor universal.

Ao encerrar o ritual, o praticante sente-se em paz, grato pela oportunidade de acessar o Portal da Consciência Crística e de experimentar sua luz e sua compaixão. Ele pode expressar gratidão aos Mestres e à presença divina pela transformação que essa conexão traz, consciente de que essa luz permanece viva dentro de seu ser. Através do Portal da Consciência Crística, ele descobre que sua vida é uma expressão do amor incondicional e que, ao viver em harmonia com essa verdade, ele contribui para a paz e para a elevação de toda a humanidade.

Capítulo 35
Ritual de Expansão da Compaixão e do Amor Universal

O Ritual de Expansão da Compaixão e do Amor Universal é uma prática espiritual que desperta e intensifica a capacidade do praticante de amar e compreender incondicionalmente. A compaixão e o amor universal são expressões da essência divina e representam a união de todas as coisas e seres. Esse ritual fortalece o vínculo do praticante com o bem-estar coletivo, ajudando-o a ver além das divisões e a reconhecer a luz que existe em cada ser. Na tradição da Fraternidade Branca, a prática da compaixão é vista como um caminho de elevação, pois abre o coração para a empatia e para o serviço altruísta. O amor universal expande o entendimento e gera uma frequência vibratória que promove a paz e a cura, tanto para o praticante quanto para o mundo ao seu redor.

Os Mestres Ascensos ensinam que a compaixão é a chave para a harmonia universal, pois dissolve barreiras e aproxima as almas. Eles nos lembram que a verdadeira compaixão vai além da empatia comum; ela exige um amor puro e profundo que reconhece o sofrimento alheio e deseja genuinamente aliviar a dor dos outros. Kuan Yin, conhecida como a deusa da compaixão, é um dos seres de luz que guiam essa prática, inspirando o praticante a amar sem limites e a acolher todos com o coração aberto. Através desse ritual, o praticante experimenta uma abertura e um fortalecimento do próprio coração, descobrindo que o amor universal é uma força que transcende todas as limitações e transforma todas as vidas que toca.

Para iniciar o ritual de expansão da compaixão e do amor universal, o praticante deve preparar um ambiente de paz e de serenidade. Ele pode acender uma vela rosa, simbolizando o amor divino, e colocar ao seu lado um cristal de quartzo rosa ou de ametista, ambos associados ao despertar do coração. Ao sentar-se em um local confortável, o praticante deve começar com respirações profundas, inspirando paz e expirando qualquer tensão. Esse momento de preparação é essencial para que o corpo e a mente estejam receptivos à energia de amor e de compaixão que será despertada.

Com os olhos fechados, o praticante visualiza uma luz rosa suave e radiante que desce do alto e o envolve completamente. Essa luz é a manifestação do amor universal, uma energia de paz e de calor que permeia todo o seu ser. Ele deve imaginar que essa luz entra em seu coração, expandindo-o e trazendo uma sensação de paz e de acolhimento. À medida que a luz rosa se intensifica, o praticante sente que seu coração está se abrindo como uma flor, irradiando amor e compaixão para todo o seu campo energético. Esse é o primeiro passo para expandir a própria capacidade de amar e de acolher com sinceridade.

Durante o ritual, o praticante pode invocar a presença de Kuan Yin, pedindo sua orientação e apoio para viver em harmonia com a compaixão e o amor universais. Ele pode dizer em voz baixa ou mentalmente: "Mãe Kuan Yin, eu invoco sua luz e sua compaixão. Que meu coração se abra para o amor universal e que eu seja um canal de paz e de acolhimento para todos os seres." Essa invocação é uma entrega sincera, onde o praticante pede auxílio para expandir seu coração e despertar a compaixão que reside em sua essência. A presença de Kuan Yin traz uma energia de suavidade e de amor incondicional, que acolhe e fortalece o praticante em sua intenção de amar e de compreender.

À medida que o praticante se concentra nessa energia de amor e compaixão, ele pode começar a expandi-la para além de si mesmo. Ele visualiza que a luz rosa em seu coração cresce e se expande, irradiando-se para fora, alcançando a sua casa, a sua cidade e, em seguida, o planeta inteiro. Essa luz de compaixão e de amor envolve todos os seres, tocando seus corações e despertando neles a paz e a harmonia. Nesse estado de visualização, o praticante sente que seu amor se torna parte do amor universal, um fluxo constante que conecta todos os corações em uma mesma vibração de paz e de acolhimento.

Para fortalecer a prática, o praticante pode recitar uma afirmação que representa sua intenção de viver em harmonia com a compaixão e o amor universal. Uma afirmação poderosa para essa prática é: "Eu sou uma expressão do amor divino. Minha compaixão abraça todos os seres, e meu coração irradia paz e cura para o mundo." Ao recitar essa afirmação, o praticante reforça seu compromisso de agir com bondade e com empatia, conectando-se com todos os seres como parte de uma mesma consciência. Essa afirmação serve como um lembrete constante de que o amor é a essência de sua existência e de que, ao compartilhar esse amor, ele se torna um agente de paz e de transformação.

Ao longo do ritual, o praticante pode sentir emoções de ternura e de conexão profunda, ou até mesmo perceber memórias ou sentimentos que estavam ocultos, sendo liberados e transmutados pela energia de amor e de compaixão. Esse processo de liberação é natural e faz parte da expansão do coração, pois, ao abrir-se para o amor universal, o praticante dissolve bloqueios emocionais e limitações que antes restringiam sua capacidade de amar. Ele permite que o amor e a compaixão fluam livremente, liberando qualquer dor ou mágoa que possa ter carregado.

A prática de expansão da compaixão e do amor universal pode ser repetida regularmente, pois fortalece o coração e ajuda o praticante a manter-se conectado com a essência do amor divino em seu cotidiano. Com o tempo, ele perceberá que sua capacidade de acolher e de compreender os outros se intensifica, e que sua presença se torna uma fonte de paz e de conforto para aqueles ao seu redor. Ele descobrirá que seu coração é capaz de amar de forma incondicional e que, ao viver de acordo com essa verdade, ele contribui para a cura e para a elevação do mundo.

Os Mestres Ascensos nos ensinam que o amor universal é o caminho para a paz interior e para a verdadeira realização espiritual. Através da prática da compaixão, o praticante aprende a ver a vida sob uma nova perspectiva, onde cada ser é uma expressão do divino, merecendo respeito, amor e acolhimento. Esse entendimento promove uma vida de harmonia, onde o praticante age com gentileza e com responsabilidade, sabendo que cada ação de amor contribui para o bem-estar de todos.

A expansão da compaixão e do amor universal transforma o praticante, tornando-o um canal de luz e de paz para o mundo. Cada pensamento, palavra e ação passa a refletir essa vibração de paz, e ele inspira aqueles ao seu redor a viverem de acordo com os princípios do amor e da unidade. Esse estado de consciência o aproxima dos Mestres Ascensos, que vivem em completa harmonia com o amor universal e que guiam o praticante nesse caminho de transformação.

Ao encerrar o ritual, o praticante sente-se em paz, grato pela oportunidade de expandir sua compaixão e seu amor. Ele compreende que essa luz permanece viva em seu coração, disponível para guiá-lo e para irradiar paz em todas as situações. Através do Ritual de Expansão da Compaixão e do Amor Universal, o praticante descobre que sua vida é uma expressão do amor divino, e que, ao viver de acordo com essa verdade, ele contribui para a paz e para a elevação espiritual de toda a humanidade.

Capítulo 36
A Ativação da Consciência Cósmica

A ativação da Consciência Cósmica é um passo profundo na jornada espiritual, onde o praticante expande sua percepção para além das limitações do eu individual, alcançando uma visão universal e interconectada. A Consciência Cósmica revela a unidade essencial entre todos os seres, planetas, estrelas e forças do cosmos, trazendo uma compreensão direta da harmonia e da interdependência de todas as coisas. A Fraternidade Branca ensina que essa consciência é o despertar da mente e do espírito para uma realidade cósmica, onde o praticante se torna um canal da sabedoria e da paz universais. Essa prática é uma abertura da alma para a vastidão do universo, onde cada pensamento e cada ação são compreendidos em sua influência e impacto no equilíbrio universal.

Os Mestres Ascensos ensinam que a Consciência Cósmica é a manifestação plena da percepção divina, uma visão que vai além dos conceitos limitados e que transcende o ego, revelando a interligação entre o micro e o macrocosmo. Saint Germain e outros Mestres ligados ao despertar cósmico são guias dessa prática, ajudando o praticante a expandir sua consciência e a perceber que sua essência é parte inseparável do todo. Através da ativação da Consciência Cósmica, o praticante não apenas experimenta uma profunda paz e clareza, mas também desperta para sua responsabilidade de viver em harmonia com as leis universais e de agir como um guardião da luz e da harmonia cósmica.

Para iniciar o ritual de ativação da Consciência Cósmica, o praticante deve criar um ambiente tranquilo e silencioso, onde possa entrar em um estado de profunda introspecção e meditação. Ele pode acender uma vela violeta, símbolo da transmutação e da elevação espiritual, e colocar próximo de si um cristal de ametista, que favorece a conexão com a sabedoria cósmica. Ao se sentar em uma posição confortável, ele deve começar com respirações profundas, liberando qualquer tensão e permitindo que sua mente e seu corpo se acalmem. Esse estado de serenidade é essencial para que o praticante possa acessar a dimensão de paz e de expansão que caracteriza a Consciência Cósmica.

O praticante deve iniciar a visualização de uma luz violeta brilhante descendo do alto e envolvendo todo o seu ser. Essa luz é a essência da Consciência Cósmica, uma vibração elevada que desperta a compreensão universal. Ele visualiza que essa luz penetra em cada célula de seu corpo, expandindo-se para além do campo energético e conectando-o com a vastidão do cosmos. Nesse estado, o praticante começa a perceber que sua existência individual é apenas uma expressão do todo, uma manifestação da consciência cósmica que flui por todas as coisas. Essa percepção inicial é o primeiro passo para integrar-se ao ritmo e à sabedoria do universo.

Durante o ritual, o praticante pode fazer uma invocação, pedindo aos Mestres Ascensos que guiem seu processo de expansão da consciência. Ele pode dizer em voz baixa ou mentalmente: "Invoco a presença dos Mestres da Consciência Cósmica, para que me auxiliem a expandir minha visão e a compreender minha unidade com o cosmos. Que minha mente se abra para a sabedoria universal e que eu seja um canal da paz cósmica." Essa invocação é uma expressão de humildade e de entrega, onde o praticante se dispõe a transcender as limitações da mente comum e a abrir-se para a infinidade de possibilidades e de sabedoria do universo.

À medida que se aprofunda na meditação, o praticante começa a visualizar que sua consciência se expande para além dos limites do corpo físico. Ele sente que sua percepção se amplia, conectando-se com as estrelas, planetas e galáxias, como se ele próprio fosse parte da imensidão do universo. Nesse estado de expansão, ele experimenta uma sensação de paz e de leveza, onde todos os pensamentos e preocupações se dissolvem, dando lugar a um sentimento de harmonia e de equilíbrio cósmico. Esse é o ponto onde a Consciência Cósmica se revela, como uma presença serena e constante que permeia toda a criação.

Para ancorar a experiência da Consciência Cósmica, o praticante pode recitar uma afirmação que reforce sua intenção de viver em harmonia com o universo. Uma afirmação poderosa para essa prática é: "Eu sou uno com a consciência do cosmos. A sabedoria e a paz universais fluem através de mim, e eu vivo em harmonia com o todo." Ao recitar essa afirmação, o praticante reafirma sua conexão com o cosmos e com a paz cósmica, comprometendo-se a agir de acordo com os princípios de equilíbrio e de unidade. Essa afirmação ajuda a fixar a experiência, permitindo que a vibração da Consciência Cósmica permaneça ativa em seu ser.

Durante o ritual, o praticante pode sentir insights ou intuições profundas sobre a interligação de todas as coisas. Ele percebe que suas ações e pensamentos não são isolados, mas fazem parte de uma corrente de energia que afeta o todo. Essa compreensão gera uma visão elevada sobre sua própria vida e sobre suas responsabilidades no mundo, pois ele compreende que, ao viver em harmonia, contribui para a paz e o equilíbrio do universo. Esse despertar é um lembrete constante de que ele é uma expressão da consciência cósmica e que, ao viver de acordo com essa verdade, ele fortalece o campo de luz ao seu redor.

A prática de ativação da Consciência Cósmica pode ser realizada sempre que o praticante desejar fortalecer sua conexão com o universo e expandir sua percepção espiritual. Com a prática contínua, ele descobrirá que sua visão do mundo e de si mesmo se transforma, levando-o a agir com mais compaixão, com respeito e com responsabilidade. Ele perceberá que seu propósito de vida é mais amplo e que seu papel como guardião da luz e da harmonia cósmica o inspira a viver em paz com todos os seres e com o planeta.

Os Mestres Ascensos nos ensinam que a Consciência Cósmica é a chave para a verdadeira compreensão e para a liberdade espiritual. Através dessa visão, o praticante descobre que sua essência é infinita e que ele é parte inseparável de uma inteligência cósmica que guia e sustenta toda a criação. Esse estado de consciência transcende as ilusões da separação e promove uma paz interior que nada pode abalar, pois o praticante compreende que sua vida é uma expressão do universo e que sua alma é eterna.

A ativação da Consciência Cósmica transforma o praticante, tornando-o um canal de sabedoria e de paz para o mundo. Cada pensamento e ação são guiados pela visão de unidade, e ele vive em harmonia com os ciclos e as energias universais. Esse estado de consciência é uma fonte constante de inspiração, que o aproxima dos Mestres e o guia em sua jornada de autoconhecimento e de serviço ao bem maior.

Ao encerrar o ritual, o praticante sente-se em paz, grato pela oportunidade de expandir sua consciência e de experimentar a unidade com o cosmos. Ele compreende que essa luz e sabedoria permanecem vivas dentro de si, disponíveis sempre que desejar conectar-se novamente com a Consciência Cósmica. Através dessa ativação, ele descobre que é uma expressão da inteligência universal, e que ao viver de acordo com essa verdade, contribui para a paz e para a elevação espiritual de toda a humanidade.

Capítulo 37
Sintonização com as Energias Angélicas e Arcanjos

A sintonização com as energias angélicas e arcanjos é um ritual sagrado que permite ao praticante conectar-se com a pureza e a luz desses seres celestiais, recebendo proteção, orientação e fortalecimento espiritual. Anjos e arcanjos são mensageiros divinos que atuam como guardiões e auxiliares da humanidade, trazendo equilíbrio e cura. Os arcanjos, em particular, possuem uma energia mais intensa e específica, cada um representando uma virtude divina. Por meio desse ritual, o praticante abre-se para a presença dessas forças angelicais, permitindo que suas energias puras e amorosas permeiem sua vida, oferecendo orientação e inspiração para a jornada espiritual.

Os Mestres Ascensos ensinam que os anjos e arcanjos são guias amorosos e poderosos, prontos para responder às invocações sinceras daqueles que buscam sua assistência com fé e humildade. Os arcanjos, como Miguel, Rafael, Uriel e Gabriel, são associados a qualidades específicas que promovem cura, coragem, iluminação e proteção. A sintonização com essas energias eleva o praticante, permitindo-lhe receber as bênçãos e os insights necessários para enfrentar desafios, liberar medos e fortalecer sua conexão com o divino. Essa prática de sintonização revela-se, portanto, como uma união espiritual onde o praticante se sente amparado e fortalecido pela presença dos anjos e arcanjos.

Para começar o ritual de sintonização com as energias angélicas e dos arcanjos, o praticante deve preparar um ambiente sereno, onde possa se sentir seguro e protegido. Ele pode acender uma vela branca, símbolo da pureza angelical, e dispor um cristal transparente, como o quartzo, que auxilia na conexão com as vibrações elevadas dos seres celestiais. Ao sentar-se em uma posição confortável, ele deve fazer algumas respirações profundas, inspirando paz e exalando qualquer tensão, para que seu corpo e mente estejam preparados e receptivos à presença angelical.

Com os olhos fechados, o praticante visualiza uma luz branca radiante descendo do alto, envolvendo-o com uma sensação de segurança e de paz. Essa luz representa a energia pura dos anjos e arcanjos, uma frequência de amor que dissolve bloqueios e que protege. À medida que a luz branca se intensifica, o praticante sente que está sendo acolhido em um campo de paz e de luz, como se estivesse sob a proteção direta das forças celestiais. Essa visualização inicial ajuda a criar um espaço seguro e a abrir o campo energético para a sintonização com os anjos e arcanjos.

Durante o ritual, o praticante pode invocar a presença dos arcanjos, chamando especificamente por aqueles com quem deseja se conectar. Ele pode dizer em voz baixa ou mentalmente: "Invoco a presença dos arcanjos e anjos de luz para que estejam ao meu lado e me guiem com sua sabedoria e proteção. Que o arcanjo Miguel me proteja, o arcanjo Rafael me cure, o arcanjo Gabriel me inspire e o arcanjo Uriel me ilumine." Essa invocação é um pedido sincero de apoio e de orientação, onde o praticante abre-se para a influência desses seres celestiais e permite que suas energias fluam livremente, trazendo clareza, força e equilíbrio.

À medida que a conexão se fortalece, o praticante pode começar a sentir uma sensação de leveza e de paz profunda, como se uma presença suave e amorosa o envolvesse. Ele pode perceber a presença dos arcanjos ao seu redor, sentindo que está em um círculo de luz e proteção. Essa experiência é uma confirmação de que os anjos e arcanjos estão presentes, oferecendo seu amparo e sua orientação. O praticante deve permitir-se relaxar e receber as bênçãos desses seres de luz, mantendo-se em um estado de receptividade e de confiança.

Para fortalecer a sintonização com as energias angélicas, o praticante pode recitar uma afirmação que expresse sua gratidão e sua abertura para a proteção e o auxílio dos arcanjos. Uma afirmação poderosa para essa prática é: "Eu sou protegido e guiado pelos anjos e arcanjos de luz. Sua sabedoria e seu amor fortalecem minha alma e iluminam meu caminho." Ao recitar essa afirmação, o praticante reafirma sua confiança nas energias angélicas, permitindo que sua presença seja constante e protetora em sua vida. Essa afirmação atua como um selo de luz, uma conexão que fortalece a ligação espiritual com esses seres celestiais.

Cada arcanjo possui uma energia específica, e o praticante pode escolher sintonizar-se com o arcanjo que melhor representa a qualidade ou o auxílio de que precisa em um determinado momento. O arcanjo Miguel, com sua espada de luz, oferece proteção e coragem, ajudando a liberar medos e a enfrentar desafios. O arcanjo Rafael, conhecido como o curador divino, traz a energia de cura e restauração, promovendo o equilíbrio físico e emocional. O arcanjo Gabriel, o mensageiro, inspira clareza, comunicação e criatividade, guiando o praticante em momentos de dúvida ou de busca por direção. Já o arcanjo Uriel, a luz de Deus, traz iluminação e sabedoria, ajudando o praticante a compreender verdades profundas e a expandir sua visão espiritual.

Ao trabalhar regularmente com esses arcanjos, o praticante desenvolve uma sensibilidade maior para as energias celestiais, percebendo sua presença com mais clareza e profundidade. Ele se torna mais receptivo às intuições e aos insights que esses seres transmitem, guiando-o em suas escolhas e fortalecendo sua conexão com o divino. Com o tempo, ele perceberá que sua própria energia se eleva, e que a paz e a proteção dos anjos tornam-se uma presença constante em sua vida.

Os Mestres Ascensos ensinam que os anjos e arcanjos são guardiões e mensageiros do amor divino, e que, ao se conectar com essas energias, o praticante recebe uma oportunidade de purificar e fortalecer seu próprio campo energético. A presença dos anjos é uma bênção que traz paz e serenidade, ajudando o praticante a viver em sintonia com as vibrações mais elevadas de luz. Essa conexão desperta um sentimento de gratidão e de confiança, onde o praticante reconhece que nunca está sozinho e que é sempre amparado pela bondade e pela proteção desses seres celestiais.

A sintonização com as energias angélicas e dos arcanjos transforma o praticante, tornando-o mais compassivo, amoroso e consciente de sua própria luz interior. Ele sente que está conectado com uma rede de amor e de sabedoria, e que sua vida está em harmonia com o fluxo divino. Essa percepção traz uma paz interior que fortalece sua confiança e sua capacidade de enfrentar os desafios com serenidade e com fé.

Ao encerrar o ritual, o praticante expressa sua gratidão aos anjos e arcanjos, reconhecendo a paz e a proteção que receberam durante a prática. Ele pode agradecer em silêncio ou em voz baixa, sentindo que essa conexão permanece viva dentro de seu ser, disponível sempre que precisar. Através da sintonização com as energias angélicas e dos arcanjos, o praticante descobre que sua vida é abençoada e protegida, e que, ao viver de acordo com essa verdade, ele contribui para a paz e para a elevação espiritual de toda a humanidade.

Capítulo 38
Prática de Silêncio e Escuta Divina

A prática de silêncio e escuta divina é um ritual de profundo recolhimento e abertura, no qual o praticante permite que a voz do divino se manifeste em seu interior. Em um mundo repleto de distrações e ruídos, o silêncio torna-se um portal de acesso à verdadeira sabedoria e à paz. Na tradição da Fraternidade Branca, o silêncio é visto como um meio de conexão direta com o Eu Superior e com os Mestres Ascensos, pois é nesse estado de quietude que a mente e o coração se alinham, tornando-se receptivos às sutis mensagens da alma e da sabedoria universal. Essa prática é um exercício de entrega e de confiança, onde o praticante aprende a ouvir o divino e a perceber a orientação espiritual que sempre esteve ao seu alcance.

Os Mestres Ascensos ensinam que a escuta divina é um estado de consciência, onde o praticante transcende o pensamento e entra em um campo de pura receptividade. Esse estado é diferente da meditação comum, pois não envolve uma técnica específica, mas sim uma entrega completa ao silêncio. É nesse vazio que as respostas às questões mais profundas e as revelações mais claras sobre a própria vida e propósito se manifestam. A prática do silêncio ensina o praticante a confiar na sabedoria que surge de seu próprio interior, revelando uma conexão direta com o divino.

Para iniciar a prática de silêncio e escuta divina, o praticante deve escolher um ambiente tranquilo e isolado, onde possa permanecer sem interrupções. Ele pode apagar as luzes ou deixá-las suaves, criando um ambiente de serenidade que o ajudará a se desconectar dos estímulos externos. Pode ser útil ter uma almofada confortável para sentar-se, pois a intenção é permanecer em um estado de quietude por um período estendido. Antes de começar, o praticante deve fazer algumas respirações profundas, permitindo que qualquer tensão ou agitação seja liberada. Esse preparo é fundamental para que o corpo e a mente estejam prontos para se entregar ao silêncio e à paz.

Ao iniciar o ritual, o praticante fecha os olhos e traz sua atenção ao presente, sentindo cada respiração e o contato do corpo com o chão ou com a almofada. Ele deve permanecer consciente de sua respiração, mas sem tentar controlá-la, permitindo que se estabilize em seu próprio ritmo natural. Aos poucos, ele deixa que os pensamentos diminuam, como se cada exalação levasse embora qualquer resquício de distração ou ansiedade. Esse processo de presença é um convite ao silêncio interno, onde o praticante começa a acessar um espaço de quietude e de calma profunda.

Durante a prática, o praticante pode fazer uma breve invocação aos Mestres Ascensos ou ao seu Eu Superior, pedindo orientação e clareza. Ele pode dizer em voz baixa ou mentalmente: "Eu me abro para a voz do divino. Que a paz e a sabedoria iluminem minha mente e meu coração." Essa invocação é um ato de humildade e de entrega, onde o praticante expressa sua intenção de ouvir a orientação que vem do silêncio. A invocação marca o início de um estado de receptividade pura, onde ele não busca respostas específicas, mas simplesmente abre-se para o que o divino desejar revelar.

Durante o silêncio, o praticante deve estar atento às sensações, emoções ou insights que possam surgir espontaneamente. A prática de escuta divina envolve um estado de observação onde, sem esforço, o praticante percebe as impressões sutis que se manifestam em seu interior. Muitas vezes, a orientação divina não vem na forma de palavras, mas sim como uma sensação de paz, uma clareza inesperada ou uma compreensão intuitiva sobre algo que antes estava obscuro. Essa experiência de percepção é uma forma de sabedoria direta, onde o praticante acessa a verdade além dos limites do intelecto.

Para aprofundar a conexão com a escuta divina, o praticante pode recitar uma afirmação de confiança e de abertura ao silêncio. Uma afirmação poderosa para essa prática é: "No silêncio, ouço a sabedoria do divino. Minha mente e meu coração estão abertos para a verdade que se revela em paz." Ao recitar essa afirmação, o praticante reafirma sua intenção de permanecer em um estado de presença e de receptividade, permitindo que o silêncio revele as respostas que sua alma busca. Essa afirmação fortalece o compromisso com a prática e ajuda a manter a mente e o coração serenos e atentos.

A prática de silêncio e escuta divina pode revelar respostas para questões que o praticante carrega em seu íntimo, mas que não conseguia responder pela via do raciocínio. Muitas vezes, a simples presença no silêncio traz uma compreensão mais profunda de questões que pareciam complexas, e o praticante percebe que a paz e a clareza já estavam presentes em seu interior, aguardando apenas um espaço de quietude para se manifestarem. Esse estado de paz é o reflexo da comunhão com o Eu Superior e com os Mestres, um campo de unidade e de harmonia onde a sabedoria divina flui livremente.

O silêncio também ensina o praticante a cultivar a paciência e a aceitação, pois, ao se entregar a essa prática, ele compreende que nem todas as respostas vêm imediatamente. Muitas vezes, a sabedoria do divino se manifesta de forma sutil e gradual, trazendo a resposta adequada no momento certo. Esse entendimento ajuda o praticante a desenvolver uma relação de confiança com o processo espiritual, permitindo que a verdade e a clareza se revelem de acordo com seu próprio ritmo, sem pressa e sem expectativas.

Os Mestres Ascensos ensinam que o silêncio é um estado de conexão direta com o divino e que, ao cultivá-lo, o praticante fortalece sua própria intuição e sua capacidade de ouvir a verdade de sua alma. Essa prática desperta uma sensibilidade maior para os sinais e as orientações que a vida oferece, ajudando o praticante a viver de forma mais alinhada e inspirada. Com o tempo, ele perceberá que essa paz e essa escuta divina se estendem para seu cotidiano, permitindo que ele tome decisões e enfrente desafios com serenidade e confiança.

A prática de silêncio e escuta divina transforma o praticante, trazendo-lhe uma compreensão mais profunda de si mesmo e de sua conexão com o universo. Ele descobre que, no silêncio, encontra as respostas para as perguntas mais importantes de sua jornada espiritual e que essa voz interna é um guia infalível, sempre presente para orientá-lo. Ao cultivar essa prática, o praticante desenvolve uma base sólida de paz interior, que o ajuda a enfrentar as dificuldades da vida com mais clareza e discernimento.

Ao encerrar o ritual, o praticante sente-se em paz, grato pela sabedoria e pela serenidade que experimentou durante a prática. Ele compreende que o silêncio é uma fonte constante de orientação e de força e que pode retornar a esse estado de escuta divina sempre que desejar. Através da prática de silêncio e escuta divina, o praticante descobre que sua vida é guiada pela voz do divino e que, ao viver em harmonia com essa verdade, ele contribui para a paz e para a elevação espiritual de toda a humanidade.

Capítulo 39
Integração da Luz Divina no Plano Material

A integração da luz divina no plano material é uma prática que permite ao praticante manifestar as qualidades espirituais em sua vida diária, unindo o sagrado ao mundano e trazendo a essência divina para suas ações, pensamentos e intenções. Na tradição da Fraternidade Branca, a integração da luz no mundo físico é vista como um ato de serviço e de transformação, onde o praticante se torna um canal ativo da energia divina. Ele aprende a aplicar a sabedoria dos Mestres Ascensos para harmonizar seu cotidiano, suas relações e suas intenções com os princípios de paz, amor e verdade, fortalecendo o vínculo entre o espírito e a matéria. Essa prática transforma o praticante em um instrumento de luz no plano material, permitindo que ele atue como um agente de cura, equilíbrio e paz em meio às circunstâncias da vida.

Os Mestres Ascensos ensinam que a verdadeira espiritualidade não se limita à meditação ou às práticas internas, mas deve se expressar em cada ação e escolha. Eles nos lembram que integrar a luz é viver de acordo com as virtudes divinas, aplicando compaixão, paciência, discernimento e gratidão em cada momento. A luz divina, ao ser trazida para o plano material, transforma o próprio ambiente e as pessoas ao redor, pois o praticante passa a irradiar uma energia de harmonia e de paz. Integrar essa luz é um ato de coragem e de entrega, onde o praticante reconhece que sua missão é trazer o divino para cada aspecto da vida.

Para iniciar a prática de integração da luz divina, o praticante deve escolher um momento de calma e introspecção, onde possa refletir sobre sua intenção de viver de acordo com a essência espiritual. Ele pode acender uma vela dourada, simbolizando a luz divina que pretende manifestar, e manter próximo de si um cristal de citrino ou quartzo transparente, elementos que favorecem a clareza e a manifestação de intenções. Ao sentar-se em uma posição confortável, ele começa com respirações profundas, deixando que qualquer ansiedade ou pensamento disperso seja liberado, e concentrando-se em sua intenção de ser um canal da luz no mundo material.

O praticante inicia a visualização de uma luz dourada descendo do alto e envolvendo todo o seu corpo, representando a presença da luz divina que se prepara para manifestar-se através dele. Ele permite que essa luz preencha cada célula de seu corpo e expanda-se ao seu redor, criando uma aura de paz e de equilíbrio. Essa visualização inicial ajuda a estabelecer uma base de conexão com o divino e a trazer essa presença luminosa para o plano físico. Ele sente que a luz divina não apenas o envolve, mas também começa a se enraizar em sua mente, em seu coração e em suas intenções.

Durante o ritual, o praticante pode fazer uma invocação, pedindo o auxílio dos Mestres Ascensos para que guiem sua jornada de integração da luz no cotidiano. Ele pode dizer em voz baixa ou mentalmente: "Invoco a presença dos Mestres de luz, para que me guiem na integração da energia divina em cada aspecto de minha vida. Que eu seja um canal de paz e de harmonia, e que minhas ações reflitam a luz do divino." Essa invocação é um ato de humildade e de compromisso, onde o praticante se propõe a viver de acordo com a luz, permitindo que o divino o conduza e ilumine.

Ao focar-se na luz que o envolve, o praticante deve concentrar-se em como essa luz pode manifestar-se em suas ações, relações e pensamentos diários. Ele visualiza situações da vida cotidiana – como interações com colegas de trabalho, momentos de decisão e até pequenos gestos de cuidado – como oportunidades de expressar a luz que agora carrega. Ele sente que cada palavra e cada escolha têm o potencial de irradiar paz, amor e compreensão, transformando a própria vida e o ambiente ao seu redor em uma extensão da luz divina. Esse estado de visualização ativa o compromisso de viver em harmonia com a presença divina em todas as suas atividades.

Para fortalecer essa intenção, o praticante pode recitar uma afirmação que represente sua dedicação em integrar a luz divina ao plano material. Uma afirmação eficaz para essa prática é: "A luz divina flui através de mim em cada pensamento, palavra e ação. Eu sou um canal de paz e de harmonia, e minha vida reflete a luz do divino." Ao recitar essa afirmação, o praticante reafirma seu propósito de viver em sintonia com a luz, comprometendo-se a agir de acordo com as virtudes que recebeu através da conexão com o divino. Essa afirmação reforça sua intenção de tornar-se uma presença de paz e de clareza em todos os aspectos de sua vida.

Durante o ritual, o praticante pode sentir um estado de paz profunda e de clareza, como se suas próprias intenções e pensamentos fossem purificados pela luz divina. Ele percebe que sua energia começa a harmonizar-se com o ambiente ao redor, irradiando um campo de serenidade e de acolhimento. Esse processo de integração traz uma paz interna que se reflete em suas interações e escolhas, permitindo que ele tome decisões com mais discernimento e que se relacione com os outros de forma mais compassiva.

A prática de integração da luz divina no plano material pode ser realizada sempre que o praticante desejar fortalecer sua presença de luz ou renovar sua intenção de viver de acordo com os princípios divinos. Com o tempo, ele perceberá que essa luz se manifesta naturalmente em suas ações e pensamentos, guiando-o com sabedoria e com paz em todas as situações. Ele descobre que cada momento e cada escolha são uma oportunidade de trazer o sagrado para a realidade cotidiana, vivendo em total sintonia com a luz do divino.

Os Mestres Ascensos ensinam que a verdadeira transformação espiritual ocorre quando o praticante manifesta a luz em todas as esferas da vida, unindo o divino ao mundano de forma harmoniosa. A integração da luz divina revela que a espiritualidade é uma experiência contínua, onde cada gesto, por mais simples que seja, pode ser uma expressão de paz e de amor. Essa prática ensina o praticante a agir com responsabilidade e com consciência, sabendo que suas ações contribuem para o bem-estar coletivo e para a elevação espiritual de todos ao seu redor.

Ao integrar a luz divina no plano material, o praticante descobre que sua vida se torna um reflexo da paz e da harmonia que ele cultiva em seu interior. Ele se sente em paz, grato pela oportunidade de expressar o divino em cada aspecto de sua existência. Através dessa prática, o praticante compreende que, ao viver de acordo com essa verdade, ele contribui para a paz e para a elevação espiritual da humanidade, tornando-se uma fonte constante de luz no mundo.

Capítulo 40
Ritual de Gratidão e Serviço ao Próximo

O ritual de gratidão e serviço ao próximo é uma prática que convida o praticante a reconhecer a abundância do divino em sua vida e a transformar essa energia em ações concretas de auxílio. A gratidão é uma força que enriquece a alma e eleva a vibração, permitindo que o praticante experimente a vida com um coração aberto e receptivo. O serviço ao próximo é uma extensão natural dessa gratidão, um meio de compartilhar a luz recebida e de multiplicá-la ao mundo. A Fraternidade Branca ensina que a gratidão e o serviço são pilares fundamentais da evolução espiritual, pois criam uma ponte de amor entre o praticante e todos os seres, promovendo um campo de harmonia e de compaixão. A prática dessa união entre gratidão e serviço ensina que a verdadeira abundância se encontra no ato de compartilhar, e que o amor cresce quando é colocado em prática para o bem coletivo.

Os Mestres Ascensos nos lembram que a gratidão é uma virtude que abre o coração e desperta a humildade, enquanto o serviço ao próximo é um caminho de autotransformação e de elevação. Eles ensinam que, ao servir, o praticante se conecta com a missão maior de sua alma, tornando-se um canal da luz que ele próprio recebeu. Quando a gratidão se transforma em serviço, cada gesto de auxílio torna-se uma expressão da luz divina. Esse ritual ajuda o praticante a alinhar-se com o fluxo do amor universal, percebendo que sua vida é parte de um todo maior e que cada ato de bondade fortalece o campo coletivo de paz e de elevação.

Para iniciar o ritual de gratidão e serviço ao próximo, o praticante deve preparar um ambiente tranquilo, onde possa concentrar-se e refletir sobre tudo o que já recebeu em sua vida. Ele pode acender uma vela branca, símbolo da paz e da pureza, e colocar à sua frente um objeto que represente uma bênção especial, algo pelo qual sente uma gratidão profunda. Ao sentar-se, ele deve fechar os olhos e fazer algumas respirações profundas, permitindo que seu corpo e sua mente se acalmem. Esse momento inicial de introspecção é importante para que o praticante entre em um estado de paz e de presença, pronto para contemplar e manifestar a gratidão.

O praticante começa a prática lembrando-se de todas as bênçãos que recebeu – desde as pessoas queridas até as oportunidades, os aprendizados e as experiências que o moldaram ao longo da vida. Ele deve deixar que as memórias e as sensações de gratidão fluam livremente, permitindo que o coração se preencha com uma profunda apreciação. Ele pode até mesmo colocar a mão sobre o coração, sentindo a energia da gratidão expandir-se e aquecer seu campo energético. Esse é o momento de abrir o coração para reconhecer e agradecer pela abundância que o envolve.

Durante o ritual, o praticante pode fazer uma invocação aos Mestres Ascensos, pedindo que o ajudem a expandir sua gratidão e a canalizar essa energia para o serviço ao próximo. Ele pode dizer em voz baixa ou mentalmente: "Agradeço profundamente por todas as bênçãos que recebo e invoco os Mestres da luz para que me guiem no serviço ao próximo, que minha vida seja uma expressão de amor e de gratidão." Essa invocação é uma entrega, uma forma de transformar a gratidão em um compromisso sincero de atuar pelo bem coletivo. Ao expressar esse desejo de servir, o praticante coloca-se à disposição do divino para ser um canal de paz e de compaixão no mundo.

Após essa invocação, o praticante visualiza uma luz dourada e radiante preenchendo todo o seu corpo e se expandindo ao seu redor. Essa luz representa a energia da gratidão que agora flui em sua vida e que ele deseja compartilhar. Ele imagina que essa luz alcança todos os seres, envolvendo cada um com paz, amor e cura. Essa visualização é uma maneira de canalizar a energia de gratidão, criando uma intenção de que essa luz se manifeste em ações concretas, gestos de auxílio e atitudes de serviço. O praticante sente que essa energia de amor e de gratidão cresce a cada respiração, fortalecendo sua conexão com o propósito de servir.

Para ancorar a prática, o praticante pode recitar uma afirmação que expresse sua intenção de viver em gratidão e serviço ao próximo. Uma afirmação poderosa para essa prática é: "Eu sou grato por todas as bênçãos que recebo, e minha vida é um canal de paz, amor e serviço. Sirvo com alegria, e minha gratidão eleva todos ao meu redor." Ao recitar essa afirmação, o praticante reafirma sua dedicação em viver em harmonia com a luz recebida, comprometendo-se a espalhá-la por meio de ações de bondade e de apoio aos outros. Essa afirmação fortalece a intenção de viver como um canal da paz e da harmonia divinas.

Durante o ritual, o praticante pode também refletir sobre formas práticas de colocar o serviço ao próximo em ação, desde pequenos gestos de generosidade até atitudes de apoio e de acolhimento em sua comunidade. Ele pode escolher dedicar um tempo semanal para ajudar uma causa, oferecer escuta e suporte a quem precisa ou até mesmo realizar práticas diárias de gentileza e compaixão. Essas ações, por menores que pareçam, têm o poder de irradiar a luz que o praticante cultivou em seu coração, fortalecendo sua presença de paz e de bondade no mundo.

A prática de gratidão e serviço ao próximo é um ritual que pode ser realizado regularmente, fortalecendo o campo energético do praticante e alinhando-o com as energias de abundância e de amor. Com o tempo, ele perceberá que a gratidão e o serviço ao próximo se tornam parte natural de sua vida, manifestando-se em cada escolha e em cada palavra. Ele descobre que a vida em si é uma bênção e que, ao expressar gratidão e servir, ele se sintoniza com o propósito divino de elevação e de paz.

Os Mestres Ascensos ensinam que a gratidão e o serviço ao próximo são práticas que fortalecem a alma e aproximam o praticante de sua essência divina. Através do serviço, ele experimenta a alegria da entrega, uma felicidade que nasce do amor puro e do desejo de ajudar. Essa prática desperta um sentimento de unidade, onde o praticante percebe que seu bem-estar está intrinsecamente ligado ao bem-estar dos outros e que a paz do coletivo é também a sua própria paz.

O ritual de gratidão e serviço ao próximo transforma o praticante, tornando-o uma presença de luz e de apoio para todos ao seu redor. Cada ato de amor e de gratidão fortalece seu campo energético e cria uma atmosfera de paz e de harmonia que irradia para o mundo. Ao viver de acordo com esses princípios, ele inspira outros a também cultivar a gratidão e a bondade, criando uma rede de luz e de elevação espiritual.

Ao encerrar o ritual, o praticante sente-se em paz, grato pela oportunidade de compartilhar as bênçãos que recebeu e de servir ao próximo. Ele compreende que o amor e a gratidão que ele manifesta são fontes inesgotáveis de abundância, e que, ao viver de acordo com essa verdade, ele contribui para a paz e para a elevação espiritual de toda a humanidade.

Capítulo 41
Reconhecimento do Mestre Interior

O reconhecimento do mestre interior é uma prática que permite ao praticante perceber a presença de uma sabedoria divina e compassiva que habita em seu próprio ser. Ao reconhecer esse mestre interno, ele compreende que a fonte de conhecimento, orientação e força sempre esteve dentro de si, e que seu caminho espiritual é, na verdade, um processo de retorno à sua própria essência. Na tradição da Fraternidade Branca, o mestre interior é visto como uma expressão da luz divina, que se manifesta na forma de intuição, compaixão e sabedoria. O contato com essa fonte interna promove uma transformação que vai além da busca por respostas externas, levando o praticante a perceber que ele é, em essência, uma extensão da consciência universal e um canal para a sabedoria e a paz.

Os Mestres Ascensos ensinam que cada ser humano carrega dentro de si um fragmento da sabedoria divina e que o verdadeiro propósito da jornada espiritual é o despertar desse mestre interior. Ao voltar-se para dentro, o praticante conecta-se com a presença sutil que transcende o ego e que o guia com discernimento e amor. Reconhecer o mestre interior é um processo de autoconhecimento, onde o praticante transcende as dúvidas e as limitações, percebendo que ele mesmo possui as respostas que busca. Essa prática revela que o contato com o mestre interno é uma fonte constante de paz e de clareza, que o orienta em cada decisão e o fortalece em cada desafio.

Para iniciar a prática de reconhecimento do mestre interior, o praticante deve criar um ambiente tranquilo, onde possa concentrar-se e conectar-se com sua essência. Ele pode acender uma vela dourada, simbolizando a luz da sabedoria que habita em seu interior, e ter ao lado um cristal, como a ametista ou o quartzo transparente, que auxilia na introspecção e na clareza. Ao sentar-se em uma posição confortável, ele deve fazer algumas respirações profundas, liberando qualquer tensão e permitindo que sua mente e seu corpo se acalmem. Esse momento inicial de introspecção é essencial para que o praticante sintonize sua mente e seu coração com a presença do mestre interior.

Com os olhos fechados, o praticante visualiza uma luz dourada brilhando em seu coração, uma luz que representa a sabedoria e a paz que habitam em seu ser. Ele imagina que essa luz começa a expandir-se, preenchendo todo o seu corpo e criando uma sensação de calor e de paz. Essa luz é o reflexo do mestre interno, uma presença compassiva e serena que o acolhe e que o guia. À medida que a luz se intensifica, o praticante percebe que está se conectando com uma sabedoria profunda, que transcende suas preocupações e que lhe oferece uma visão clara e equilibrada de si mesmo e do mundo.

Durante o ritual, o praticante pode fazer uma invocação ao seu mestre interior, pedindo que essa presença o guie e o fortaleça em sua jornada espiritual. Ele pode dizer em voz baixa ou mentalmente: "Mestre interior, eu reconheço sua presença em meu ser. Que sua sabedoria e sua paz guiem meus passos e iluminem minha vida." Essa invocação é uma entrega sincera, onde o praticante se dispõe a ouvir e a seguir a orientação de sua própria essência, permitindo que o mestre interno o conduza com clareza e com amor.

À medida que o praticante se concentra na luz em seu coração, ele permite que essa presença o envolva completamente, como se estivesse sendo acolhido em um campo de paz e de serenidade. Ele sente que qualquer dúvida ou inquietação se dissolve, dando lugar a uma sensação de plenitude e de segurança. Nesse estado de receptividade, o praticante pode começar a perceber insights ou intuições que surgem espontaneamente, como se uma voz silenciosa lhe transmitisse a orientação que ele precisa. Esse é o contato direto com o mestre interior, uma comunicação sutil que se revela no silêncio e na paz.

Para fortalecer a prática, o praticante pode recitar uma afirmação que expresse sua intenção de viver em harmonia com a sabedoria do mestre interior. Uma afirmação poderosa para essa prática é: "Eu sou guiado pela sabedoria do mestre que habita em meu interior. Sua paz e sua luz iluminam minha vida e me conduzem com amor e clareza." Ao recitar essa afirmação, o praticante reafirma seu compromisso de ouvir e de seguir sua intuição, permitindo que a voz do mestre interior se manifeste de forma constante em sua vida. Essa afirmação atua como um selo, firmando a intenção de viver em sintonia com a sabedoria interna.

Durante a prática, o praticante pode refletir sobre situações em que possa aplicar a orientação do mestre interior, seja na forma de intuição ou de discernimento. Ele percebe que, ao confiar nessa voz interna, encontra respostas mais claras e age com mais segurança e equilíbrio. Esse estado de conexão com o mestre interior ensina o praticante a desenvolver uma relação de confiança consigo mesmo, percebendo que o amor e a sabedoria de sua essência sempre o guiam no caminho correto.

O reconhecimento do mestre interior é uma prática que pode ser realizada sempre que o praticante desejar fortalecer sua conexão com a própria essência. Com o tempo, ele perceberá que a voz do mestre interior torna-se mais clara e constante, guiando-o em todas as situações da vida. Ele descobre que essa presença é uma fonte inesgotável de paz e de segurança, e que, ao confiar em sua sabedoria interna, vive com mais autenticidade e com mais propósito.

Os Mestres Ascensos ensinam que o despertar do mestre interior é o caminho para a verdadeira realização espiritual. Através dessa prática, o praticante compreende que ele mesmo é uma expressão do divino e que, ao reconhecer sua própria luz, contribui para a elevação e para a paz no mundo. Essa prática de autoconhecimento fortalece o praticante, ajudando-o a agir com integridade e a tomar decisões em harmonia com a verdade de sua alma.

Ao encerrar o ritual, o praticante sente-se em paz, grato pela oportunidade de conectar-se com a sabedoria e a paz de seu mestre interior. Ele compreende que essa presença está sempre disponível, e que pode retornar a ela sempre que desejar orientação ou clareza. Através do reconhecimento do mestre interior, o praticante descobre que sua vida é guiada por uma força amorosa e que, ao viver de acordo com essa verdade, ele contribui para a paz e para a elevação espiritual de toda a humanidade.

Capítulo 42
Estabelecendo um Santuário Espiritual Pessoal

Estabelecer um santuário espiritual pessoal é uma prática de profunda conexão com o divino, onde o praticante cria um espaço sagrado para refletir, meditar e cultivar sua jornada espiritual. Um santuário pessoal é um lugar de paz e introspecção, que serve como um refúgio onde a alma pode renovar-se e conectar-se com energias superiores. Na tradição da Fraternidade Branca, o santuário pessoal é um canal de elevação, um ponto de luz que ressoa com a presença dos Mestres Ascensos e da energia divina. Ao criar esse ambiente, o praticante fortalece seu compromisso com a própria espiritualidade, consagrando um espaço físico que reflete sua devoção e sua busca por harmonia.

Os Mestres Ascensos ensinam que a criação de um santuário espiritual pessoal é uma forma de ancorar a luz no mundo material, tornando o ambiente ao redor uma extensão de sua prática interna. Esse espaço é um lembrete físico de sua intenção de viver em paz e em conexão com a sabedoria universal. Ele torna-se um ponto de transformação, onde o praticante pode retirar-se para meditar, orar e buscar clareza. O santuário pessoal é um elo entre o mundo físico e o espiritual, um espaço onde a energia sutil pode ser cultivada e intensificada, permitindo que o praticante mergulhe em sua essência e fortaleça sua comunhão com o divino.

Para começar a estabelecer um santuário espiritual, o praticante deve escolher um local onde possa sentir-se tranquilo e livre de distrações. Pode ser um canto em seu quarto, uma pequena área de sua casa ou mesmo uma parte de seu jardim, desde que seja um lugar onde ele se sinta à vontade e em paz. A escolha do local é essencial, pois o ambiente deve inspirar serenidade e segurança, permitindo que o praticante se desligue das preocupações diárias e se concentre em seu mundo interior.

Após definir o local, o praticante pode preparar o espaço escolhendo alguns elementos simbólicos que reflitam a energia que deseja cultivar em seu santuário. Pode utilizar velas, cristais, imagens de seres iluminados, ou outros objetos que ressoem com sua devoção e sua busca espiritual. Cada elemento escolhido deve ter um propósito claro, representando algo significativo para sua jornada interior. A cor das velas, por exemplo, pode refletir uma qualidade que deseja evocar – como a paz, representada pela cor branca, ou a cura, simbolizada pelo verde. Esses objetos atuam como âncoras de sua intenção, canalizando a energia que ele deseja manifestar nesse ambiente sagrado.

Ao organizar os elementos no santuário, o praticante deve fazer isso de forma cuidadosa e atenta, colocando cada item com reverência. Ele pode mentalizar ou recitar uma intenção enquanto organiza o espaço, dizendo algo como: "Que este santuário seja um portal de luz e paz, onde minha alma se renova e onde a presença divina possa manifestar-se plenamente." Essa intenção cria uma vibração de harmonia e de elevação, consagrando o espaço e tornando-o um ponto de poder espiritual.

Para intensificar a energia do santuário, o praticante pode fazer uma breve meditação, sentando-se diante do altar e concentrando-se em sua respiração. Ele permite que a paz preencha seu ser, e visualiza uma luz brilhante descendo do alto e envolvendo o santuário, criando uma aura de proteção e de luz ao redor do espaço. Essa luz representa a presença dos Mestres Ascensos e a energia do divino que agora permeia o santuário, transformando-o em um lugar de pureza e de elevação espiritual. Essa visualização ajuda a ancorar a energia sutil no ambiente, tornando-o um canal para as vibrações superiores.

Durante o ritual de consagração do santuário, o praticante pode fazer uma invocação aos Mestres Ascensos ou ao seu Eu Superior, pedindo que o guiem e o acompanhem em suas práticas espirituais nesse espaço. Ele pode dizer em voz baixa ou mentalmente: "Invoco a presença dos Mestres e da luz divina para que abençoem este santuário. Que este espaço seja um ponto de paz, onde eu possa ouvir a voz da minha alma e fortalecer minha conexão com o divino." Essa invocação é um ato de entrega, onde o praticante dedica o santuário ao seu crescimento espiritual, abrindo-se para a orientação e para a proteção das energias superiores.

Para fortalecer o vínculo com seu santuário espiritual, o praticante pode estabelecer uma prática diária de meditação ou oração nesse espaço, mesmo que por poucos minutos. A consistência é importante, pois o retorno frequente ao santuário fortalece a vibração do local, tornando-o um verdadeiro ponto de poder em sua vida. Ele perceberá que, com o tempo, o santuário adquire uma presença própria, como se acumulasse a energia de suas intenções e práticas, irradiando paz e clareza sempre que o praticante estiver presente.

O santuário espiritual também pode servir como um local de renovação energética. Sempre que o praticante sentir-se esgotado ou necessitado de força, ele pode retirar-se para esse espaço e renovar sua energia através de práticas de respiração, visualização ou de silêncio. Esse processo ajuda a limpar o campo energético, fortalecendo a conexão com a luz interior e promovendo uma sensação de paz e de equilíbrio. Ao tratar o santuário como um lugar sagrado, o praticante desenvolve uma relação profunda com o espaço, que se torna um refúgio para o corpo, a mente e a alma.

A criação de um santuário espiritual pessoal é uma prática que pode ser ajustada de acordo com a evolução do praticante, pois ele pode adicionar novos elementos ou reorganizar o espaço conforme sua necessidade e inspiração. Com o tempo, ele perceberá que o santuário se torna uma extensão de sua própria jornada, refletindo cada etapa de seu crescimento e de sua transformação interior. Essa relação viva com o santuário torna-o um companheiro fiel, um espaço que evolui junto com o praticante e que o acompanha em cada passo de sua jornada espiritual.

Os Mestres Ascensos ensinam que o santuário pessoal é uma ponte entre o mundo interno e o mundo externo, uma manifestação do compromisso do praticante com sua própria luz. Ao estabelecer esse espaço sagrado, ele cria um ponto de ancoragem para a paz e para a harmonia, não apenas em sua vida, mas também no mundo ao seu redor. A energia do santuário expande-se, elevando a vibração de todo o ambiente e contribuindo para a paz do coletivo.

Ao encerrar o ritual de criação do santuário, o praticante sente-se em paz, grato pela oportunidade de estabelecer esse ponto de conexão com o divino. Ele compreende que, ao retornar a esse espaço, estará se conectando com a luz e com a paz que cultivou em seu interior. Através do santuário espiritual, o praticante descobre que sua vida é uma expressão do sagrado, e que, ao viver de acordo com essa verdade, ele contribui para a paz e para a elevação espiritual de toda a humanidade.

Capítulo 43
O Caminho da Auto-Realização e da União Divina

O caminho da auto-realização e da união divina é uma jornada de autodescoberta, onde o praticante aprende a integrar sua essência espiritual com sua vida terrena, alcançando uma compreensão plena de sua verdadeira natureza. A auto-realização é o processo de despertar para o ser autêntico e ilimitado, transcender as ilusões do ego e revelar o propósito mais profundo da alma. Esse caminho de ascensão leva à união divina, onde o praticante experimenta um estado de unidade com a Fonte, percebendo-se como parte integrante e inseparável da totalidade do universo. Na Fraternidade Branca, esse caminho é considerado o ápice da jornada espiritual, onde a alma atinge a iluminação e o amor incondicional, tornando-se uma expressão consciente do divino.

Os Mestres Ascensos ensinam que a auto-realização é um estado de despertar interno, que acontece quando o praticante abandona as limitações autoimpostas e descobre que sua verdadeira natureza é pura luz e consciência. É um caminho de libertação que exige coragem, dedicação e sinceridade, pois a alma deve confrontar as ilusões que o ego construiu e abrir-se para a verdade universal. Quando o praticante se aproxima da união divina, ele compreende que sua existência não é separada do todo; ao contrário, ele é uma centelha do divino, capaz de manifestar a paz e o amor que permeiam o universo. A experiência de união traz um estado de paz duradoura, uma serenidade que transcende as dificuldades do mundo e uma alegria que brota da conexão direta com a essência divina.

Para iniciar a jornada da auto-realização, o praticante deve começar com uma intenção clara e sincera de buscar a verdade de sua própria essência. Ele pode escolher um momento de silêncio e introspecção, onde, de coração aberto, declare sua intenção de conhecer a si mesmo em profundidade e de unir-se ao divino. Ao se sentar em um espaço tranquilo, o praticante faz algumas respirações profundas, concentrando-se em seu centro, no espaço do coração. Essa concentração inicial é fundamental para que ele se alinhe com sua essência e se abra para a revelação de sua própria natureza espiritual.

Com os olhos fechados, o praticante pode visualizar uma luz dourada brilhando no centro de seu peito, uma luz que representa sua alma e que carrega a essência de sua verdadeira identidade. Essa luz é a manifestação de sua conexão com o divino, uma presença que transcende o corpo e a mente e que reflete sua totalidade espiritual. À medida que essa luz se expande, ele sente que todas as ilusões e limitações começam a dissolver-se, e uma sensação de paz e de unidade o envolve. Ele percebe que a busca por respostas externas se acalma, pois a sabedoria que ele busca já está presente em sua própria essência.

Durante a prática, o praticante pode fazer uma invocação ao Eu Superior, pedindo orientação e apoio em sua jornada de auto-realização. Ele pode dizer em voz baixa ou mentalmente: "Eu invoco meu Eu Superior para que me guie na busca pela verdade e pela união com o divino. Que minha alma revele minha verdadeira essência, e que eu experimente a paz e o amor da união divina." Essa invocação é uma expressão de entrega, onde o praticante permite que seu Eu Superior o conduza no caminho da auto-realização, abrindo-se para receber a orientação e a clareza que vêm de sua própria luz interior.

Para fortalecer o compromisso com o caminho da auto-realização, o praticante pode recitar uma afirmação que reafirme sua intenção de viver em harmonia com sua verdadeira natureza. Uma afirmação poderosa para essa prática é: "Eu sou uma expressão divina. A verdade de minha alma é paz, amor e unidade. Vivo em harmonia com o divino, e meu ser irradia a luz da auto-realização." Ao recitar essa afirmação, ele reafirma sua dedicação em transcender as limitações do ego e em viver a partir de sua essência divina. Essa afirmação fortalece a presença do Eu Superior em sua vida e o ajuda a manter-se centrado em sua verdadeira identidade.

No decorrer dessa jornada, o praticante começa a perceber mudanças em sua percepção e em seu estado de consciência. Ele sente que suas preocupações e desejos começam a perder a intensidade, pois ele experimenta uma paz interna que é independente das circunstâncias externas. Através dessa conexão com o Eu Superior, ele desenvolve uma clareza que transcende o entendimento comum, reconhecendo que sua verdadeira felicidade e plenitude vêm da experiência de união com o divino. Esse estado de consciência desperta a sabedoria e a compaixão que o permitem viver de forma mais consciente e compassiva.

A jornada da auto-realização é também um caminho de serviço e de amor, pois, ao conectar-se com sua essência divina, o praticante compreende que todos os seres fazem parte do mesmo todo. Ele começa a agir com empatia e bondade, percebendo que sua existência tem um propósito maior, que é contribuir para a paz e para a elevação espiritual da humanidade. Essa compreensão o inspira a viver com humildade e a reconhecer a luz em cada ser, pois ele vê o divino refletido em todos ao seu redor. O amor e a compaixão tornam-se forças que guiam suas ações, e ele experimenta a alegria de viver de acordo com a verdade de sua alma.

Os Mestres Ascensos ensinam que a união divina é um estado de consciência que transcende o eu individual e revela o praticante como parte integral da totalidade. Através da auto-realização, ele descobre que a separação é uma ilusão, e que sua verdadeira natureza é amor e luz. Esse estado de união desperta nele uma serenidade e uma alegria que nada pode abalar, pois ele está em contato direto com a fonte da paz e da verdade. A união divina é o reconhecimento de que a vida é sagrada e que o praticante é uma expressão direta do amor universal.

Ao longo da prática, o praticante compreende que a autorealização é um processo contínuo, onde cada passo o aproxima da verdade e do amor que habita em sua alma. Ele percebe que o caminho da união divina é um chamado para viver em paz e harmonia, um compromisso com a verdade que se manifesta em cada pensamento, palavra e ação. Com o tempo, ele experimenta uma liberdade interna que o liberta das limitações do ego, e ele se torna uma presença de paz e de luz para todos ao seu redor.

Ao encerrar o ritual, o praticante sente-se em paz, grato pela oportunidade de conectar-se com sua essência e de experimentar a união com o divino. Ele compreende que a autorealização é uma jornada de constante descoberta, e que, ao viver em harmonia com essa verdade, ele contribui para a paz e para a elevação espiritual de toda a humanidade.

Capítulo 44
Manifestando a Paz Interior e Exterior

Manifestar a paz interior e exterior é um ato consciente de transformação, onde o praticante cria e expande a serenidade que nasce em seu próprio coração, irradiando-a para o mundo. A paz verdadeira começa no íntimo, cultivada pelo autoconhecimento e pelo alinhamento com o divino, e se reflete em ações, palavras e intenções que inspiram calma e harmonia ao seu redor. Na tradição da Fraternidade Branca, a paz é vista como um estado essencial de equilíbrio, a partir do qual a luz do espírito se expressa de maneira plena e consciente. Essa prática conecta o praticante à essência da paz, levando-o a ser um agente de serenidade em um mundo frequentemente desafiado pelo conflito e pela agitação.

Os Mestres Ascensos ensinam que a paz é um atributo da alma e que, ao cultivá-la, o praticante fortalece seu vínculo com o divino, experimentando uma sensação de completude que transcende o ego e suas inquietações. A paz interior é o solo fértil de onde brota a verdadeira compaixão e o amor pelo próximo. Para manifestar a paz exterior, é necessário cultivar a serenidade interna e reconhecer que a harmonia no mundo começa em cada um. Esse estado de calma não é uma fuga, mas um compromisso firme de viver em sintonia com a essência da alma e com o propósito de ajudar a estabelecer a paz na Terra.

Para iniciar a prática de manifestação da paz interior, o praticante deve preparar um ambiente calmo, onde possa relaxar e concentrar-se sem interrupções. Ele pode acender uma vela azul, que simboliza a serenidade e a harmonia, e ter um cristal de quartzo rosa ou de ametista ao seu lado, elementos que ajudam a intensificar a energia de paz. Ao sentar-se, ele realiza algumas respirações profundas, inspirando a calma e expirando qualquer tensão acumulada, permitindo que seu corpo e sua mente entrem em um estado de tranquilidade. Esse momento inicial é essencial para criar uma atmosfera de paz, tanto interna quanto externamente, onde a prática possa florescer.

Com os olhos fechados, o praticante visualiza uma luz azul suave e brilhante descendo do alto e envolvendo todo o seu ser. Essa luz é a presença da paz divina, uma energia que acalma e que harmoniza, penetrando cada célula de seu corpo e dissolvendo qualquer resquício de ansiedade ou inquietação. Ele permite que essa luz azul se expanda, preenchendo seu campo energético e criando uma sensação de leveza e de equilíbrio. À medida que essa luz o envolve, o praticante sente que seu coração se torna um ponto de paz profunda, um espaço sereno onde sua alma encontra refúgio e onde o mundo exterior se acalma.

Durante o ritual, o praticante pode fazer uma invocação aos Mestres Ascensos, pedindo que o guiem no cultivo e na manifestação da paz. Ele pode dizer em voz baixa ou mentalmente: "Invoco a presença dos Mestres da paz, para que me ajudem a manifestar a paz em meu coração e em minha vida. Que minha alma seja um canal de serenidade e harmonia." Essa invocação é um pedido sincero de auxílio, onde o praticante se dispõe a ser um canal ativo da paz no mundo. Ele abre seu coração para que os Mestres o inspirem e o fortaleçam, permitindo que a luz de sua alma traga a serenidade necessária para transformar seu interior e seu exterior.

À medida que a prática avança, o praticante concentra-se em seu coração, sentindo que a paz nele cultivada expande-se além de seu corpo, irradiando para o ambiente ao seu redor. Ele visualiza que essa energia de paz cresce em intensidade e em alcance, como ondas suaves que se espalham por todo o espaço. Cada respiração fortalece essa expansão, e ele sente que essa paz é ilimitada, que pode se estender para todas as pessoas e lugares que ele desejar. Ele imagina que essa luz azul suave chega até aqueles que estão em sofrimento, aqueles que precisam de harmonia e de calma, envolvendo-os com a energia da paz.

Para fortalecer a prática, o praticante pode recitar uma afirmação que expresse sua intenção de viver em harmonia e de irradiar paz em todas as suas relações e ações. Uma afirmação poderosa para essa prática é: "Eu sou um canal da paz divina. A serenidade e a harmonia fluem através de mim e tocam todos ao meu redor." Ao recitar essa afirmação, ele reafirma seu compromisso com a paz e seu desejo de ser um ponto de harmonia no mundo. Essa afirmação age como um lembrete constante de que ele tem o poder de transformar o ambiente e de inspirar a paz onde quer que esteja.

Durante o processo de manifestação da paz exterior, o praticante percebe que suas palavras e ações passam a refletir mais calma e compaixão. Ele experimenta um sentimento de leveza, como se a paz que cultivou em seu interior se tornasse um escudo de serenidade, ajudando-o a enfrentar os desafios da vida com mais equilíbrio. Esse estado de tranquilidade o protege das energias negativas e permite que ele responda aos conflitos com uma atitude de paciência e de compreensão. Ele descobre que, ao sustentar essa energia de paz, ele ajuda a desarmar situações tensas e a criar uma atmosfera mais harmoniosa ao seu redor.

Os Mestres Ascensos ensinam que a paz exterior é a manifestação da paz interior, e que cada praticante pode ser um ponto de luz no mundo, um canal através do qual a serenidade e a compaixão se expandem. Ao cultivar a paz, o praticante também contribui para a cura do coletivo, pois cada ato de calma e de gentileza inspira outros a agir com mais harmonia. Essa prática desperta o entendimento de que todos estão interconectados e que, ao estabelecer a paz em seu próprio coração, o praticante toca os corações dos outros, incentivando a criação de uma rede de serenidade e de apoio.

A manifestação da paz interior e exterior é um compromisso que o praticante assume com sua própria alma e com a humanidade. Ele compreende que a paz é um estado de consciência que ele pode acessar e compartilhar em qualquer momento, e que, ao vivê-la de forma constante, ele contribui para a criação de um mundo mais harmonioso e compassivo. Essa prática transforma o praticante, tornando-o um guardião da paz, um exemplo vivo da serenidade e do amor que ele cultiva em seu coração.

Ao encerrar o ritual, o praticante sente-se em paz, grato pela oportunidade de ser um canal de serenidade e de harmonia no mundo. Ele compreende que a paz interior é um presente que ele oferece a si mesmo e aos outros, e que, ao viver de acordo com essa verdade, ele contribui para a elevação espiritual de toda a humanidade. Através da manifestação da paz, o praticante descobre que sua vida é uma expressão do divino, e que sua existência é parte essencial do fluxo de harmonia que sustenta o universo.

Capítulo 45
Rituais de Luz para o Futuro da Humanidade

Os rituais de luz para o futuro da humanidade são práticas espirituais voltadas para o fortalecimento de uma rede de paz, cura e evolução para o bem coletivo. Esses rituais representam um compromisso de enviar intenções positivas e energias de transformação para o mundo, colaborando com a Fraternidade Branca e com os Mestres Ascensos no esforço de promover a paz e o despertar espiritual da humanidade. Ao participar desses rituais, o praticante une-se a milhões de outros seres que vibram na mesma frequência de luz e amor, ajudando a construir um futuro harmonioso e a manifestar um novo ciclo de paz e consciência para todos.

Os Mestres Ascensos ensinam que o futuro da humanidade é um reflexo das intenções e ações de cada indivíduo, e que o poder de transformação reside no coração de cada ser. Eles nos lembram que os rituais de luz são oportunidades para enviar amor e cura ao planeta, restaurando o equilíbrio e iluminando as áreas de sofrimento e escuridão. Esses rituais canalizam a energia do divino para o plano terreno, ajudando a limpar vibrações negativas e a fortalecer os campos de paz e de esperança. Quando os praticantes se reúnem, física ou espiritualmente, para realizar esses rituais, suas energias somadas criam um campo de luz que beneficia toda a criação, trazendo alívio e apoio para todos os seres.

Para iniciar o ritual de luz pelo futuro da humanidade, o praticante deve escolher um espaço sagrado, onde possa concentrar-se plenamente em sua intenção de enviar energia positiva e transformadora ao planeta. Ele pode acender uma vela branca ou dourada, representando a luz da paz e da esperança que ele deseja irradiar. Ao sentar-se em um local confortável, o praticante fecha os olhos e começa com respirações profundas, permitindo que qualquer distração seja suavemente liberada. Esse momento inicial de preparação é essencial para que ele se alinhe com a paz interior e se torne um canal aberto para a energia que será enviada ao mundo.

Com os olhos fechados, o praticante visualiza uma esfera de luz dourada surgindo em seu coração, uma luz que representa a paz, o amor e a cura que ele deseja compartilhar. Ele sente que essa esfera se expande, envolvendo-o completamente, até formar uma aura luminosa ao seu redor. Essa luz dourada é a essência do divino que flui através dele, uma energia de cura e de elevação que se intensifica com cada respiração. À medida que a luz cresce, o praticante sente que está se conectando com outros seres de luz ao redor do mundo, formando uma rede global de paz e de amor.

Durante o ritual, o praticante pode fazer uma invocação, pedindo a presença dos Mestres Ascensos, dos anjos e de todos os seres de luz que trabalham pelo bem da humanidade. Ele pode dizer em voz baixa ou mentalmente: "Invoco a presença dos Mestres e dos seres de luz para que se unam a mim neste ritual de paz e de esperança. Que a luz divina flua através de nós e cure a humanidade, trazendo paz e transformação para o futuro de todos os seres." Essa invocação é uma entrega sincera, onde o praticante se coloca a serviço do bem maior, permitindo que o divino utilize sua energia para o propósito de cura e de elevação coletiva.

À medida que a prática avança, o praticante visualiza a luz dourada expandindo-se para além de si, irradiando-se para o espaço ao seu redor e, em seguida, para sua cidade, seu país e todo o planeta. Ele imagina essa luz alcançando cada canto da Terra, envolvendo pessoas, animais, plantas, oceanos e florestas em um abraço de paz e de amor. Ele sente que essa luz dissolve as energias de medo e de desarmonia, criando um campo de serenidade e de renovação. Essa visualização é um ato de amor e de compaixão, onde o praticante permite que a luz flua através dele e alcance todos os lugares onde é necessária.

Para fortalecer a prática, o praticante pode recitar uma afirmação que expresse sua intenção de colaborar com o futuro positivo da humanidade. Uma afirmação poderosa para esse ritual é: "Eu sou um canal da luz divina. A paz e a esperança fluem através de mim e abençoam a humanidade. Que o amor prevaleça e que o futuro seja de paz e de cura para todos." Ao recitar essa afirmação, ele reafirma seu compromisso com o bem coletivo e sua intenção de enviar ao mundo a energia de paz e de transformação. Essa afirmação torna-se uma âncora para sua prática, uma forma de direcionar a luz e de intensificar sua presença no campo coletivo.

Durante o ritual, o praticante pode sentir-se envolvido em uma profunda sensação de unidade, como se estivesse conectado com todos os seres que compartilham da mesma intenção de paz e de harmonia. Ele percebe que seu propósito se expande, unindo-se ao de milhares de almas que também estão a serviço da luz. Esse sentimento de unidade traz uma alegria e uma gratidão imensas, pois o praticante percebe que faz parte de algo maior, de uma rede de amor que trabalha incessantemente para o bem-estar de toda a criação.

Os Mestres Ascensos ensinam que o poder dos rituais de luz está na intenção pura e no amor que o praticante dedica à humanidade e ao planeta. Ao participar desses rituais, ele contribui para o fortalecimento do campo energético da Terra, ajudando a dissolver o sofrimento e a criar uma vibração de cura e de elevação. Esses rituais despertam no praticante uma responsabilidade amorosa e consciente, onde ele reconhece que seu papel no mundo vai além de suas próprias necessidades, pois ele é um canal ativo da paz e do amor que deseja ver manifestos no futuro da humanidade.

Ao longo do tempo, o praticante descobre que essa prática transforma sua própria vida, pois ele passa a ver o mundo com compaixão e a agir com mais gentileza e responsabilidade. Ele sente que cada ato de bondade e cada pensamento positivo são formas de contribuir para o futuro da humanidade, e que seu compromisso com a luz é um serviço contínuo para a paz e a harmonia coletivas. Ele compreende que, ao manter sua intenção de paz e de esperança, ele torna-se um guardião da luz, uma presença que inspira e que transforma.

Ao encerrar o ritual, o praticante sente-se em paz, grato pela oportunidade de contribuir para o futuro positivo da humanidade. Ele compreende que a luz que enviou ao mundo permanece ativa, trabalhando silenciosamente para transformar as energias e para fortalecer a rede de paz no planeta. Através dos rituais de luz, o praticante descobre que seu papel é essencial para a construção de um futuro harmonioso, e que sua vida é uma expressão do divino que se manifesta para a elevação de toda a humanidade.

Capítulo 46
Caminhando ao Lado da Fraternidade Branca e a Missão Contínua

A jornada ao lado da Grande Fraternidade Branca é uma experiência de transformação e de compromisso com o próprio despertar espiritual e com o bem maior da humanidade. Cada ensinamento, ritual e prática apresentados ao longo desse caminho serviu como uma chave, abrindo portas para uma consciência mais elevada e para uma vida em harmonia com as leis divinas. Concluir esse percurso é, ao mesmo tempo, reconhecer que o caminho espiritual é infinito, pois o desenvolvimento da alma continua a cada passo, e a cada nova compreensão surge a oportunidade de se aprofundar ainda mais na luz.

Os Mestres Ascensos ensinam que o crescimento espiritual é uma espiral, onde o praticante revisita aprendizados, revê suas experiências e ganha novas perspectivas com o tempo. Ao caminhar ao lado da Fraternidade Branca, o praticante adquire não apenas conhecimento, mas também a habilidade de perceber a vida com os olhos do espírito, compreendendo que a sua jornada individual está intimamente ligada à jornada de toda a humanidade. Os Mestres incentivam que o praticante mantenha seu compromisso com a luz, atuando como um farol de paz e de compaixão no mundo, trazendo inspiração e esperança àqueles que cruzam seu caminho.

O propósito final da obra da Fraternidade Branca é despertar o ser humano para sua verdadeira essência divina, fazendo-o perceber que ele é um co-criador da realidade e que seu papel na Terra é mais vasto e sagrado do que ele poderia imaginar. O praticante é convidado a integrar os princípios espirituais em cada aspecto de sua vida, a viver em comunhão com a sabedoria interna e a expressar as virtudes divinas de forma prática e amorosa. A missão continua com cada escolha feita em alinhamento com a luz, onde o praticante atua conscientemente para manifestar a paz e a elevação no mundo material.

Essa jornada ao lado dos Mestres também desperta no praticante a responsabilidade de servir e de cuidar da humanidade e do planeta. Ele compreende que, ao cultivar sua própria paz, está fortalecendo o campo energético coletivo e auxiliando na transmutação das energias densas. Cada ato de bondade, cada pensamento positivo e cada palavra compassiva têm o poder de transformar o ambiente ao seu redor, criando uma vibração de paz e de cura. A Fraternidade Branca ensina que a missão de iluminar a Terra não pertence apenas aos Mestres, mas a cada ser que desperta para a própria luz interior.

O praticante, ao concluir essa etapa de aprendizado, encontra-se mais alinhado com o Eu Superior, mais ciente de seu poder de manifestar o bem e mais em paz consigo mesmo e com o universo. Ele sente que os Mestres e a Fraternidade Branca continuam ao seu lado, acompanhando-o em cada desafio e em cada conquista. Esse vínculo com os Mestres torna-se uma fonte constante de apoio e de inspiração, pois ele sabe que não está sozinho em sua busca pela iluminação, e que sua alma faz parte de uma grande família de luz.

A missão contínua é, portanto, um convite à prática diária e à presença consciente. Em vez de buscar grandes realizações, o praticante descobre a profundidade do caminho nos gestos simples, no amor dedicado a cada momento e na busca pela harmonia interna. Os Mestres Ascensos ensinam que o caminho da luz é construído com pequenas ações de bondade e com uma intenção constante de viver em paz e de espalhar essa paz. Ao viver de acordo com esse propósito, o praticante descobre que sua vida ganha um novo sentido, tornando-se um reflexo da presença divina.

O legado da Fraternidade Branca é uma luz que guia gerações, um chamado para que todos despertem para a beleza da alma e para a unidade com o divino. O praticante, ao aceitar esse chamado, torna-se um guardião dos ensinamentos, alguém que mantém viva a chama da sabedoria e que inspira os outros a também encontrarem o caminho para a paz interior. Ele compreende que a jornada espiritual é individual, mas que seu impacto é universal, e que ao iluminar sua própria vida, ele contribui para o despertar da humanidade como um todo.

Com cada prática, o praticante solidifica sua fé e seu compromisso com o crescimento espiritual, consciente de que cada novo passo é uma oportunidade de expandir sua compreensão e de servir ao divino. A Fraternidade Branca é um lembrete de que a luz está sempre presente, e que ao abrir-se para essa luz, o praticante transforma não apenas a sua vida, mas também o mundo ao seu redor.

Ao final desse percurso, o praticante sente-se grato por tudo o que aprendeu, e por tudo que ainda está por vir. Ele sabe que o verdadeiro final é apenas o começo de uma nova fase, onde ele integra plenamente os ensinamentos e os vive em cada ato e em cada pensamento. Ao seguir o caminho da Fraternidade Branca, ele é acolhido como parte da grande família espiritual, e sua missão se expande, guiada pelo amor, pela paz e pela luz que nunca se apagam.

A jornada continua, e o praticante, agora mais sábio e sereno, avança, sabendo que a luz dos Mestres Ascensos e da Fraternidade Branca estará com ele em cada passo.

Epílogo

Ao concluir esta jornada, uma nova visão emerge diante de você. Os ensinamentos, as histórias e os exemplos dos Mestres Ascensos que você encontrou são, na verdade, reflexos das possibilidades que habitam em sua própria essência. Você percorreu as páginas desta obra em busca de compreensão, e agora encontra-se frente a frente com uma realidade espiritual que sempre esteve presente, esperando apenas o momento certo para ser revelada. Cada passo que você deu nesta leitura foi um movimento em direção à verdade de sua própria alma, e essa verdade é uma porta aberta para uma experiência de vida mais plena e consciente.

Os Mestres de Luz – esses guias invisíveis e silenciosos – não habitam apenas mundos distantes e inatingíveis. Eles estão próximos, estão presentes em cada momento em que você se conecta com a paz, com a compaixão e com o amor que existem em seu ser. Este é o propósito de sua missão: lembrar a cada ser humano que a iluminação é possível e que a essência divina pulsa dentro de cada um, esperando ser desperta e vivenciada. Tudo o que eles ensinaram está ao seu alcance, e cada um desses ensinamentos serve como um lembrete de que a verdadeira sabedoria é, acima de tudo, um processo contínuo de autoconhecimento e de prática cotidiana.

Você agora é parte de uma corrente de almas que se dedicam a trazer mais luz ao mundo. A sabedoria dos Mestres Ascensos não se limita a momentos de introspecção; ela se manifesta nas pequenas escolhas, nas ações e nos pensamentos que guiam o seu dia a dia. Eles lhe mostraram que a verdadeira espiritualidade é uma vivência integral, que transforma cada aspecto de sua existência e que não se separa do comum, mas o eleva e o enriquece. E, ao absorver essas lições, você se torna um farol de transformação, irradiando a paz e a harmonia que são o legado da Fraternidade Branca.

Este livro é apenas o início de uma longa jornada. As verdades aqui exploradas são sementes que florescerão no tempo certo, e, à medida que você continuar a trilhar o caminho da busca espiritual, perceberá que cada novo passo o aproxima de um sentido mais profundo de unidade e de propósito. Os Mestres Ascensos lhe ensinaram que o conhecimento é algo que deve ser vivido, e que a sabedoria é uma experiência compartilhada. Ao finalizar esta leitura, você carrega consigo um pouco da luz desses seres e, ao fazê-lo, assume o compromisso de contribuir para que essa luz brilhe no mundo.

As lições dos Mestres são eternas, e você sempre poderá retornar a elas, encontrando novos significados e novas inspirações a cada vez que revisitar essas páginas. Mas agora, o convite é para que você olhe para dentro e permita que essa sabedoria o transforme de dentro para fora. Os Mestres Ascensos nunca estão distantes; sua presença é uma constante para aqueles que sinceramente buscam a paz e a elevação. Que você possa sentir essa presença e, ao vivenciá-la, encontrar em si mesmo a força e a serenidade para enfrentar qualquer desafio que surja em sua jornada.

Este é um caminho sem fim, uma espiral ascendente que conduz ao mais puro e eterno entendimento. Que você siga em paz, com a certeza de que cada passo dado em direção à luz é um ato de serviço à humanidade e ao universo.